세계사
추리반

세계사 추리반

청소년을 위한 **그림 속 세계 역사**

송병건 지음

아트북스

역사는 ——
그림을 단서로 ——
사건을 파헤치는 ——
탐정놀이 ——

"외울 게 너무 많아요."

'역사'하면 떠오르는 생각이 무엇이냐고 청소년들에게 물으면 가장 많이 나오는 대답이 바로 이것입니다. 물론 역사에는 수많은 인물과 사건이 등장하고 이들이 특정 연도와 연결되지요. 그래서 역사는 '주입식'으로 공부해야 하는 과목으로 여겨지곤 합니다.

완전히 틀린 말은 아닙니다. 제한된 시간에 노력을 투여해 높은 성적을 얻기 위해서는 '요령'이 필요한데, 암기 위주의 주입식 공부보다 더 효율적인 방법이 잘 떠오르지 않기 때문이지요. 한국사만 해도 벅찬데 세계사는 더욱 그렇습니다. 사정이 이러하다보니 역사 과목들에 대한 관심은 멀어지기 쉽습니다.

그런데 사실 역사는 주입식과 가장 거리가 멀어야 하는 과목입니다. 역사 공부란 어떤 사건이 중요한지, 그 사건이 왜 중요한지, 그리고

하인리히 클레이의 스케치. 우리도 돋보기를 들이대고 단서를 찾아보자.

거기서 누가 결정적인 역할을 했는지를 탐구하는 활동이에요. 한 걸음 더 나아가면 한 사건이 다른 사건과 어떻게 연결되는지, 그리고 그 사건들이 현재의 우리에게 어떤 영향을 끼쳤는지 곰곰이 따져보는 활동인 것입니다. 역사 공부의 핵심은 과거의 사건을 해석하는 것이지 마구잡이로 암기하는 게 아니라는 것이지요. 달리 말하면 역사를 대하는 가장 좋은 방법은 호기심 가득하고 분석력 뛰어난 '탐정'이 되는 것입니다. 마치 셜록 홈스처럼 말이에요. 사건 현장에서 여러 가지 단서를 찾아내고 이들을 기초로 해서 사건의 전모를 파헤쳐가는 것이지요.

이 책은 옛 그림들을 마치 사건 현장처럼 보여주고, 거기서 힌트를 찾아내어 세계사를 추적하는 방식을 취할 거예요. 예술적 가치가 높은 그림만 보여드리는 건 아니랍니다. 각 시대의 특징을 잘 보여주는 그림이라면 유명 화가가 그린 미술작품뿐만 아니라 삽화, 포스터, 광고

물 등 다양한 시각자료를 널리 사용할 겁니다.

각 장의 맨 앞에서 처음 제시하는 그림에서 출발해 한 발짝씩 나아가다보면 여러분이 세계사의 퍼즐을 짜 맞출 수 있게 될 거라고 기대해요. 각 장의 앞머리에 세계사와 한국사 연표를 간략한 형태로 넣어두었어요. 다루는 주제가 왜 중요한지, 또 우리나라나 현재와 어떤 관련이 있는지 간단한 설명도 덧붙였으니 참고해주길 바랍니다.

이 책에는 총 20개의 주제를 시기 순으로 담았어요. 다 읽고 나면 세계사의 대체적인 흐름을 잡을 수 있을 것이라고 생각합니다.

저는 그간 그림을 활용한 역사 탐구에 관심이 많았어요. 이 주제로 신문에 오래 연재를 했고 세 권의 책 『비주얼 경제사』『세계화의 풍경들』『세계화의 단서들』을 출간했어요. 여기에서 청소년 여러분이 알아두면 좋겠다고 생각되는 주제 19개를 선택하고, 오늘날 우리가 처해 있는 코로나19 사태에 관한 내용을 새롭게 써서 총 20개 주제를 완성했습니다. 그리고 어렵다싶은 용어에는 설명을 추가로 붙였고, 문장을 새로 다듬어 매끄럽게 만들었어요.

저는 지난 10여 년 동안 다양한 강연을 해왔습니다. 강연에 오신 분들 가운데는 학교선생님들도 많았는데, 특히 중·고등학교 사회과 선생님들이 그림을 활용하는 제 강연에 큰 관심을 보여주셨어요. 청소년들을 대상으로 하는 책으로 만들어달라는 요청을 많이 하셨지요. 그간 마음에 담아두었던 이 숙제를 마침내 끝내는 기분으로 이 책을 준비했습니다. 출판사 아트북스는 이번에도 자료준비에서 편집과 디자인에 이르기까지 멋진 솜씨를 보여주셨어요. 임윤정 차장님을 포함해 힘써주신 모든 분들께 감사합니다. 늘 많은 아이디어를 나누는 아내와 점점 더 많은 아이디어를 내주는 딸에게도 고마움을 표하고 싶습니다. 마지막으로 예상치 못한 참신한 아이디어를 이따금씩 던져주시는 어머니께도 각별한 감사의 마음을 전합니다.

2021년 새봄을 기다리며

혜화동 연구실에서

송병건

01

진시황과
분서갱유

진시황,
제국 체제의 씨앗을 뿌리다

기나긴 세계사 속에서 역사의 흐름을 근본적으로 바꿨다는 평가를
받는 인물들이 있습니다. 그중 가장 대표적인 인물이 바로 진시황입
니다. 기원전 221년 그는 역사상 처음으로 중국을 통일해 진나라를
세웠습니다. 드넓은 통일제국을 통치하기 위해 진시황은 제도 개혁
에 힘을 쏟았지요. 법령을 제정하고 한자와 도량형을 통일했습니다.
이런 제도 개혁은 거대한 제국을 단일한 규범과 질서로 통치하기 위
해 필수적인 조처였어요. 덕분에 사람과 물자가 제국 내에서 자유롭
게 이동할 수 있게 되었습니다. 말하자면 '소규모 세계화'가 이루어
진 것이지요. 종합하자면 진시황은 제국을 건설하고 통치하는 방식
을 창안한 인물이었습니다. 실제로 그의 노력은 역사적 결실을 거두
었습니다. 진나라가 멸망한 후에도 중국에서는 거대 제국들이 끊이
지 않고 등장하였던 것입니다.

그림1-1 분서갱유 장면을 묘사한 그림, 작자 미상, 18세기

중국의 궁궐에서 한 신하가 왕에게 문서를 바치고 있습니다. 대문 바깥에서는 시끌 벅적한 소동이 벌어지고 있고요. 한쪽에서는 수많은 서책이 불에 타고 있고, 다른 쪽 에서는 무인들이 문인들을 강제로 밀어 구덩이에 빠뜨리고 있습니다. **이 그림은 어떤 역사적 사건을 묘사한 것일까요? 그리고 역사적 사실과 다른 점은 무엇일까요?**

그림1-1은 기원전 3세기에 일어 난 분서갱유焚書坑儒를 묘사한 작품으로, 18세기에 제작되었습니다. 작자 불명의 이 그림은 중국 최초의 통일 제국인 진나라를 건설한 진 시황秦始皇, 재위 BC246~210의 통치 시절을 보여줍니다. 그중에서도 황 제의 명령에 따라 수많은 서책을 불태우고(분서) 유학자들을 파묻어 (갱유) 죽인 사건을 묘사하고 있지요. 용상에 앉아 있는 인물이 바로 진시황입니다. 그리고 그에게 문서를 바치고 있는 사람은 외국 출신 임에도 황제의 총애를 받아 승상의 지위에까지 올랐던 이사李斯라는 인물입니다.

기원전 221년에 통일 왕조를 연 진나라는 기존의 봉건제를 대신해 중앙집권적 통치체제인 군현제를 실시하고 법가를 통치의 이념적 기 반으로 삼았습니다. 그런데 기원전 213년 유생들이 봉건제를 부활시 키자고 주장하고 나서는 사건이 발생했습니다. 이사는 법가사상*에 기초해 유생들을 강력하게 비판하고 정치체제에 비판적인 사사로운

법가사상
법에 의한 지배를 최우선으로 내세운 사상으로 도덕을 강조하기보다 형벌을 철저하게 집행하는 것이 나라를 지배하는 근본이라고 보았다.

TIP

유가사상

공자(孔子)에 의해 시작되어 근대까지 동양사상에 결정적인 영향을 끼친 사상이다. 인본주의 정신을 기본으로 한다.

서적을 모두 소각해야 한다는 주청을 황제에게 올렸지요. 의학, 농업, 점복占卜 등의 실용적 서적은 다행히 불길을 피할 수 있었지만 유가사상●과 관련된 수많은 서적들은 잿더미가 됐습니다. 이듬해에는 불로장생의 비약을 구해오겠다던 노생盧生과 후생侯生이라는 도인이 재물을 몰래 모으고 시황제를 비난한 후 종적을 감추는 사건이 터졌습니다. 격노한 진시황은 자신을 비방한 자들을 모두 잡아들이라는 명령을 내렸고, 결국 460명의 유생들이 체포되어 생매장되는 비극을 맞았습니다.

그림 속 역사적 오류

이 그림에는 시대적으로 맞지 않는 요소들이 몇 가지 있습니다. 첫째, 등장인물들이 착용한 복장은 진나라가 아니라 명나라와 청나라 때의 모습에 가깝습니다. 아마도 이 그림을 그린 18세기의 화가는 진나라 복식에 대해 제대로 알지 못해서 자신이 살던 시대의 옷차림을 참고해 그렸을 겁니다. 현대의 복식사 연구자들에 따르면 진시황이 정무를 볼 때의 차림은 보통 그의 초상화(그림1-2)에서 표현된 것과 같은 검은색의 곤복이었을 거라고 추측합니다.

그림이 실제와 다른 두번째 요소는 바로 불에 타고 있는 서책들을 묘사한 부분입니다. 여기에는 중요한 역사적 오류가 있는데, 그림에 묘사된 종이책은 사실 진나라 때 존재하지 않았습니다. 중국 후한시대의 환관이었던 채륜蔡倫이 펄프를 이용해 종이를 만든 때가 2세기 초였고, 최근 연구에 따르면 기원전 2세기에 초보적인 형태의 종이가 제작되었다고 합니다. 진시황 시절의 문서는 이와 달리 죽간竹簡 형태였

그림1-3 죽간으로 제작된 『공자시론』, 기원전 4세기경

그림1-2 진시황의 초상화, 1850년경

지요(그림1-3).

죽간이란 종이가 발명되기 전에 글자를 기록하던 대나무 조각 또는 이를 엮어서 만든 책을 말합니다. 대나무의 마디를 잘라낸 다음 세로로 쪼갠 후 평평하게 다듬어서 그 위에 글씨를 썼어요. 그리고 이것을 끈으로 묶어 두루마리 형태로 만들었습니다.

복장과 서책이 진나라시대에 대한 지식 부족으로 인해 발생한 오류라면, 화가가 의도적으로 채택한 오류도 있습니다. 사건이 일어난 시간적 격차를 무시하고 하나의 그림에 사건과 관련된 내용을 한꺼번에 그려넣었다는 점이 바로 의도적인 오류지요.

이사가 주청을 올리고 난 후 이에 기초해 책을 불태우는 '분서'가 이루어졌고, 그 이듬해에 수많은 유생들을 구덩이에 파묻어 죽인 '갱유'가 발생했습니다. 화가는 이 일련의 사건들을 하나의 그림 속에 담았습니다. 오늘날 카메라가 한 시점에서 바라본 피사체의 모습을 정지된 형태로 한 장면에 포착하는 것과 달리 과거의 그림은 역사적 사건의 흐름을 하나의 화폭에 모두 담는 방식을 취하곤 했거든요. 이렇듯 분서갱유를 묘사한 이 그림은 비의도적 및 의도적 오류들을 포함하고 있다고 하겠습니다.

분서갱유는 냉혹한 진시황에 대한 역사적 기록?

분서갱유는 진시황이 얼마나 잔인한 인성을 지녔는지, 그리고 얼마나 가혹한 폭정을 펼쳤는지를 보여주는 대표적 사례로 흔히 거론됩니다. 이 주장은 어떻게 이해할 수 있을까요? 진시황이 드러낸 냉혹성은 타고난 개인적 기질일 수도 있지만 젊어서부터 그가 지속적인 살해 위협 속에서 살았다는 사정과도 관련이 있습니다. 진시황이 겪은 수많은 암살 시도 가운데 가장 유명한 사례는 사마천의 『사기』「자객열전」편에 등장하는데, 바로 진나라에게 멸망한 위나라 출신의 형가荊軻라는 자객 이야기입니다. 아직 진나라가 주변국들과 전쟁을 벌이던 시절, 형가는 연나라에 살면서 훗날 진시황이 될 젊은 왕 영정嬴政을 암살할 방법을 찾으려고 애를 썼습니다. 그는 영정에게 복수심을 품은 이들을 찾아다니며 자신의 뜻을 내비쳤지요. 그들 가운데 번어기樊於期라는 인물이 있었는데, 번어기는 자신의 목숨을 스스로 내놓음으로써 형가가 영정에게 가까이 다가갈 절호의 기회를 만들어주기로 했습니다.

그림1-4는 형가가 번어기의 잘린 목을 바친다는 명분으로 영정을 알현하는 결정적 순간을 묘사하고 있습니다. 오른쪽에 등장하는 영정은 왼쪽의 형가가 휘두른 비수에 옷소매만 잘릴 뿐 아슬아슬하게 몸

『사기』
중국 전한(前漢)의 역사가인 사마천의 저서로, 상고의 황제로부터 전한의 무제까지 2000년이 넘는 역사를 기록한 방대한 책이다. 객관적 서술과 생생한 인물묘사로 높은 평가를 받는 역사서이다.

그림1-4 진시황 암살 미수 사건을 묘사한 후한시대 석판 탁본, 3세기

을 피했지요. 영정은 제국의 진귀한 보물인 벽璧, 즉 옥으로 만든 고리를 쥐고 있습니다. 영정의 발치에는 번어기의 잘린 머리가 들어 있는 상자가 뚜껑이 열린 채 놓인 것을 볼 수 있습니다. 다시 형가는 소매에서 단도를 꺼내 던졌으나 빗나가 그림 가운데 위치한 기둥에 박히고 맙니다. 이때 긴박한 상황을 목격한 한 의관이 급히 달려와 형가를 뒤에서 끌어안습니다. 결국 형가는 영정과 신하들에게 제압당해 죽음을 맞고 말지요. 후한시대에 제작된 이 석판은 간결하지만 무척 생동감 있게 진시황 암살 미수 사건의 현장을 재현하고 있습니다.

한편 분서갱유는 진시황이 유가사상과 같은 이질적 가치관을 전혀 수용하지 않고 편협한 관점을 고집했다는 근거가 되기도 합니다. 그런데 진시황의 여러 행적을 보면 이와 다른 모습을 찾아볼 수도 있습니다. 거대한 통일 제국을 건설하기 위해서는 지역적 풍습과 관행을 뛰어넘어 광범위하게 통용될 수 있는 제도와 관습을 구축하는 작업이 필수적입니다. 또한 전국에서 사람과 물자가 원활하게 이동하도록 만들고 이들을 단일한 시스템으로 통제하는 사회적 제도가 필요하지요. 진시황은 누구보다도 이를 잘 알고 있었습니다. 그렇기 때문에 그는 정복 전쟁 초기부터 초인적인 추진력을 발휘해 수많은 제도적 개혁에 힘을 쏟았어요. 지역에 따라 차이가 많았던 한자를 통일했고, 우리의 엽전과 비슷하게 생긴, 둥근 모양에 네모난 구멍이 뚫린 반냥전이라는 단일 주화를 제작해 전국으로 유통시켰습니다. 수레바퀴의 폭을 포함해 도량형을 표준화했으며, 법가사상에 기초해 생활을 규제하는 법률 제정에도 힘을 썼습니다. 또한 주요 도로를 닦아 제국 전역을 연결했고, 대운하를 개축해 물류와 조세운영에서 혁신을 이루고자 했습니다.

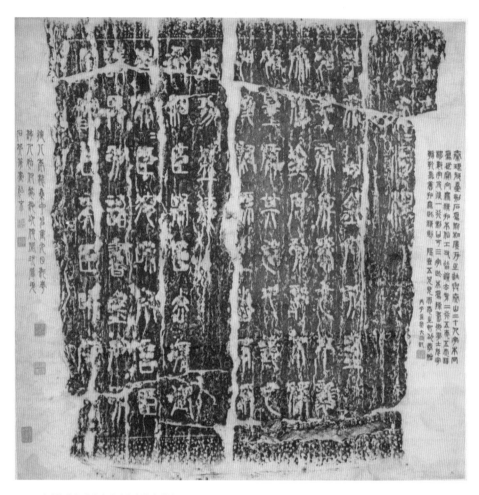

도1-5 진시황의 송덕비인 낭야대각석의 탁본

이러한 내용은 진시황이 자신의 업적을 기념하기 위해 세운 송덕비인 낭야대각석瑯邪台刻石(그림1-5)에서 확인할 수 있어요. 황제는 자신이 "도량을 통일하고 문자를 통일한 것"을 자랑스러워했고, "지방마다 다른 풍속을 바로잡고" "모두가 지켜야 할 표준을 알 수 있게 했다"고 자부했습니다.

일벌레 진시황 ——

진시황이 젊었을 때 한번은 한나라에서 수리 기술자들을 보내 진나라의 대규모 운하개축사업을 도운 일이 있습니다. 그런데 이것이 진나라의 국력을 소모시키려는 은밀한 계략이라는 소문이 번졌지요. 이런 의혹이 점점 높아지자 진시황은 마음이 흔들렸습니다. 외국 출신 신하들의 충성심에 대한 의심이 스멀스멀 번져갔고 결국 이들을 모두 추방한다는 축객령逐客令을 내렸지요. 한나라 출신의 젊은 신하였던 이사의 입장으로서는 아찔한 위기 상황이 아닐 수 없었습니다. 그는 정신을 가다듬고 담대한 전략을 취했지요. 축객령을 거두어야 한다는 주장을 담은 「간축객서諫逐客書」를 작성해 왕에게 올린 것입니다.

이 문서에서 이사는 역사적으로 성공한 왕들이 공통적으로 외국 출신의 인재를 적극 영입해 활용했다는 예를 들며 왕을 설득하고 있지요. 문서 마지막에 이사는 "태산이 거대한 것은 어떤 흙도 뿌리치지 않았기 때문이며, 바다가 깊은 것은 작은 물줄기도 가리지 않았기 때문"이라는 비유를 남겼습니다. 유능한 인재를 쫓아내는 행위는 오히려 외국의 힘을 키워 훗날 진나라를 위협하는 부메랑으로 작용할 것이라는 주장이었지요. 결국 진시황은 마음을 돌리게 됩니다. 출신지를 막론하고 인재를 선발해 적재적소에 활용하는 포용적 정책이 최선이라는 인식이 진시황의 마음에 뿌리내린 순간이었지요. 이런 사례를 놓고 보면 진시황은 편협성에 갇혀 있었다기보다는 오히려 개방성을 갖춘 인물이 아니었나 싶습니다.

그림1-6 진시황릉 병마용갱에서 출토된 도용들

진시황은 엄청나 일벌레였던 것으로 알려져 있습니다. 그는 매일 120근(약 72킬로그램)에 달하는 죽간에 쓰인 공문을 처리했다고 합니다. 또한 자신이 계획한 대로 제국이 잘 운영되고 있는지 확인하고자 10년 동안 다섯 차례에 걸쳐 광대한 영역을 순행했지요. 진시황은 마지막 순행 도중에 병을 얻어 50세의 나이로 사망합니다. 그리고 4년 후에는 그가 그토록 공들여 건설한 진 왕조도 역사 속으로 사라지게 되지요.

하지만 진 왕조가 단명했다고 해서 진시황의 발자취가 함께 사라진 것은 아니었습니다. 뒤이은 역사에서 중국은 일부 분열의 시기를 제외하고는 대대로 중앙집권적인 제국 체제를 유지했기 때문입니다. 이는 유럽이 로마제국의 붕괴 이후 수많은 분권적 세력으로 쪼개져 봉건체제를 이룬 사실과 뚜렷한 대조를 이룹니다. 동서양의 역사가 서로 다른 진화 과정을 경험하게 된 데에는 진시황의 영향이 그만큼 컸던 것이지요.

중국 역사상 첫 통일 제국을 건설했을 뿐만 아니라 혈연적이고 개별적인 지역주의를 넘어서 광대한 영토에서 통용되는 제도적 기반을 마련했다는 점은 진시황이 남긴 가장 눈부신 업적이라고 하겠습니다. 진시황이 만성피로와 끊임없는 살해 위협에 시달리면서도 엄청난 추진력을 발휘해 이루고자 했던 것이 바로 제국체제라는 새 질서였지요. 이런 면에서 그는 역사의 경로를 바꾼 인물로 평가될 만합니다.

시대에 따라 다르게 해석되는 역사적 평가 ⎯⎯

마지막으로, 분서갱유는 진시황의 무자비한 폭정을 보여주는 명백한 증거라고 할 수 있을까요? 자신의 뜻과 다른 사상을 담은 서책들을 불태우고 여러 유학자들을 구덩이에 파묻어 죽인 행위는 사상과 표현의 자유를 탄압한 행위로 볼 수 있습니다. 이것이 바로 분서갱유를 폭군의 편협성과 배타성을 드러낸 사건이라고 보는 전통적 해석입니다. 그렇지만 반론도 세기됩니다.

진 왕조의 뒤를 이은 한漢 왕조의 입장에서 기술한 역사는 진나라의 통치가 잘못된 게 많다고 깎아내리는 경향이 강했습니다. 특히 진나라와 달리 유가사상을 제국의 사상적 기초로 삼은 한나라의 관점에서는 부모를 핍박하고 토목공사에 백성을 대규모로 동원해 노역을 강요하며 유학에 대해 불편한 심사를 보였던 진시황을 긍정적으로 봤을 리만무하지요. 여기서 한 왕조의 한쪽으로 치우친 평가가 분서갱유 사건에 덧씌워졌다는 주장이 등장합니다. 실제로는 분서의 대상이 된 서책이 제한적이었고 갱유의 대상이 된 유생들이 대부분 백성을 현혹해 자신의 이익만을 꾀하는 모리배였을 뿐이라는 해석이 제기된 것입니다.

이런 해석을 따르자면 결국 분서갱유는 진시황 치세 중의 작은 일화일 뿐이고 본질적인 부분과는 거리가 멀다는 얘기가 됩니다. 동아시아에서 대제국을 건설하고 사회경제적 통합의 씨앗을 뿌림으로써 일종의 '미니 세계화*'를 선도한 진시황의 행적을 놓고 본다면, 분서갱유를 그의 공과를 판단하는 최우선 기준으로 삼는 건 아무래도 지나치다고 봐야 하지 않을까요.

TIP

세계화
지구상의 지역들 간에 교역과 교류가 증가하여 상호작용의 강도가 높아지는 과정

02

노예제와
고대 로마의 몰락

팽창을 멈추면
쇠퇴가 시작된다

유럽에서도 제국이 없었던 것은 아닙니다. 약 2000년 전에 남부 유럽-서아시아-북아프리카를 잇는 광활한 영토를 다스렸던 로마가 있었습니다. 우리나라에서 삼국이 차례로 건국되던 시기에 해당하지요. 고대 로마가 광대한 제국을 운영할 경제력을 보유하게 된 데에는 외부로부터 공급된 노예의 역할이 컸습니다. 농산물과 수공업품의 생산도, 집안일의 담당도 모두 노예의 몫이었지요. 그런데 로마제국의 팽창이 한계에 달하자 노예 공급이 줄어들고 경제가 점차 쇠퇴할 수밖에 없었습니다. 4~5세기를 거치면서 로마는 화려했던 역사를 뒤로 한 채 돌이킬 수 없는 몰락의 길로 접어들고 말았지요.

그림2-1 찰스 바틀릿, 「로마의 포로들」, 1888년

●

웅장한 대리석 건물의 계단에 벌거벗은 차림의 어린아이들이 앉아 있습니다. 그들에게 로마의 한 군인이 다가와 웃는 얼굴로 석류를 건네네요. 하지만 아이들의 동작과 표정에는 거부와 불신, 그리고 슬픔이 보일 뿐입니다. **이 아이들은 누구일까요? 아이들에게는 어떤 미래가 기다리고 있을까요? 로마제국에는 항상 이런 아이들이 넘쳐났을까요?**

그림2-1은 영국 화가 찰스 바틀릿 Charles Bartlett이 그린 「로마의 포로들」입니다. 그림 속의 아이들은 누구일까요?

건물 위쪽에서 벌어지고 있는 상황이 결정적인 힌트입니다. 창을 든 로마 병사들이 사내들을 강제로 끌어가고 있습니다. 그 왼편에는 붉은 옷을 입은 사람이 끌려온 사내들을 여러 사람들에게 내보이고 있네요. 경매를 통해 노예를 판매하는 현장입니다. 그림의 주인공인 아이들도 곧 경매대에 오르게 될 운명이지요. 형제간인 듯 보이는 아이들은 이제 곧 뿔뿔이 흩어지게 될 겁니다. 그러고 보면 참 잔인한 그림이 아닐 수 없습니다. 노예의 처지가 되어 치욕스럽고 불확실한 미래를 맞게 된 아이들의 두렵고 심란한 표정과 석류를 건네는 군인의 미소가 불편한 대조를 이루고 있네요.

그림에 등장하는 예비 노예들이 모두 백인인 점도 눈여겨볼 만합니다. 약 1500년 후 대항해시대(15~18세기)가 개막하고 나서 아메리카

그림2-2 귀스타브 불랑제, 「노예시장」, 1882년경

대륙에서 노역을 한 노예는 거의 모두 아프리카에서 잡혀온 흑인들이 었습니다. 하지만 고대 로마의 노예는 인종을 가리지 않았지요. 노예의 자식으로 태어난 사람, 채무를 갚지 못해 예속적 신분으로 전락한 사람, 해적에게 붙들려 팔려온 사람, 그리고 전쟁에서 패배한 포로 등 누구든지 노예가 될 수 있었습니다. 이들은 나이, 성별, 건강상태 등에 따라 구분되어 팔려나갔습니다.

　노예가 거래되는 모습을 묘사한 그림으로 가장 널리 알려진 것은 귀스타브 불랑제Gustave Boulanger의 작품(그림2-2)일 것입니다. 경매에 붙여질 일곱 노예가 단상에 있고 그 앞으로 경매인이 감정 없는 표정으로 앉아서 맨손으로 뭔가를 집어먹고 있네요. 아마도 경매가 열리기 직전 짧은 식사시간인 듯합니다. 노예 중 흑인을 제외한 백인들은 나이 차이에도 불구하고 대부분 생김새가 닮은 것으로 보아 한 가족인 것으로 보입니다. 이들의 목에는 간략한 정보를 담은 팻말이 걸려 있네요. 또한 그림에 등장하는 노예들은 하나같이 신체를 많이 드러내놓고 있습니다. 아마도 화가는 19세기 후반 프랑스 미술계가 원하는 취향에 맞춰 그림을 그렸던 것 같습니다.

고대 로마를 지탱한 노예

고대 로마에서 노예는 필수불가결한 존재였습니다. 로마의 경제는 노예들의 노동 없이는 지탱될 수 없었지요. 노예의 수가 얼마나 되었을지는 정확히 알기 어렵습니다. 학자들은 제국 초기인 1세기에 이탈리아 인구의 약 3분의 1인 200만~300만 명이 노예였을 것으로 추정합니다. 로마제국 전체로는 인구의 10퍼센트에 조금 못 미치는 500만~600만 명이 노예였다고 해요.

노예가 담당한 일은 다양했습니다. 어떤 노예는 부유한 로마 귀족의 저택에서 갖가지 가내노동에 종사했습니다. 다음에 나오는 벽화(그림2-3)는 폼페이에서 발굴된 것으로 귀족의 집안에서 벌어지는 파티 장면을 보여줍니다.

왼쪽의 어린 노예는 귀족의 신발을 닦아주고 있고, 가운데 노예는 술잔을 전달하고 있으며, 오른쪽 노예는 술에 취한 인물을 부축하고

그림2-3 연회 장면을 묘사한 폼페이의 벽화, 1세기경

있습니다. 이들은 평상시에 주로 가사노동에 종사했던 것으로 보입니다. 물론 집 밖에서 일을 한 노예도 많았지요. 일부는 수공업장, 광산, 건축 공사장 등에서 일했습니다. 각별히 뛰어난 신체조건을 가진 남성 노예는 검투사가 되기도 했어요. 지적 능력이 남다르다고 평가된 노예는 교육이나 회계 일을 담당하기도 했고요. 가장 많은 노예들이 일한 곳은 농업 부문이었습니다. 로마 귀족들은 라티푼디움latifundium이라고 불리는 대규모 농지에 노예를 투입해서 작물을 경작했습니다. 곡창지대인 시칠리아와 지중해 주변 지역의 대지주였던 이들에게 노예는 없어서는 안 될 생산수단이었던 셈이지요.

노예 집단이 형성되는 계기는 다양했지만 그중에서 새로운 노예를 공급하는 가장 중요한 원천은 바로 전쟁이었습니다. 예를 들어 갈리아를 정복한 후 율리우스 카이사르˙는 한 정복지의 5만 명이 넘는 주민 전체를 한꺼번에 노예경매 상인에게 팔아넘긴 것으로 기록되어 있습니다. 포에니전쟁˙을 통해서 로마제국은 약 30만 명을 노예로 얻기도 했지요. 이렇듯 로마제국이 정복을 이어가고 영토를 확장하는 한 노예 공급은 순조롭게 이뤄질 수 있었습니다. 하지만 아무리 전쟁에 능한 제국이라고 할지라도 어떻게 무한정한 확장이 가능하겠어요? 제국의 팽창에는 한계가 있을 수밖에 없었지요.

제국의 최적 규모는 어느 정도일까?

윌리엄 벨 스코트William Bell Scott가 그린 그림2-4는 로마제국이 국경에 장벽을 구축하는 모습을 그린 작품입니다. 영국 북부를 점령한 로마군의 젊은 장교가 지역주민들에게 건설 작업을 지휘하고 있습니다. 화가는 2세기 로마제국의 경계를 이루는 변두리 지역의 모습을 사실적이면서 동시에 복고적인 느낌이 풍기도록 묘사했습니다.

눈을 부릅뜬 지휘관의 표정이 작업에 나서기 싫어하는 주민들에게 얼마나 먹혔을지 의문스럽군요. 아마도 화가는 점령군 장교의 명령에 순순히 따르지 않는 영국 민초들의 저항정신을 표현하고 싶었나봅니다. 제국의 중심에서와 달리 변방에서는 통치가 훨씬 힘들었음을 이 그림은 시각적으로 표현하고 있습니다.

그렇다면 어느 범위까지 국경을 늘리는 것이 가장 바람직했을까

TIP

율리우스 카이사르
Julius Caesar,
BC100~BC44

고대 로마의 통치자. 폼페이우스, 크라수스와 더불어 삼두정치를 시작했으나 훗날 둘을 물리치고 1인 지배자가 되었다. 권력집중에 불만을 품은 귀족세력에 의해 암살되었다.

포에니전쟁
BC261~BC146

지중해의 패권을 둘러싸고 로마와 카르타고가 세 차례에 걸쳐 벌인 전쟁. 로마의 스키피오 장군과 카르타고의 한니발 장군의 대결로 유명하다. 결국 로마가 승리하고 카르타고가 멸망했다.

도2-4 윌리엄 벨 스코트, 「로마인들이 남쪽을 방어하기 위해 장벽을 쌓게 하다」, 1857년

요? 과연 제국의 최적 규모는 얼마였을까요? 전쟁에서 승리하면 얻게 되는 편익benefit이 있습니다. 전리품을 획득하고 점령지의 토지와 자원을 차지하고 세금을 징수할 수 있지요. 국내의 여러 사회문제에 숨통을 터주는 효과도 있고요. 하지만 영토 확장에는 비용cost도 따르기 마련입니다. 군대를 무장하고 용병을 고용하는 비용, 전쟁에 의한 물적·인적 손실, 정복지의 유지 관리에 드는 비용 등을 들 수 있지요. 지배자는 정복으로 새로 얻게 되는 편익이 새로 부담하게 되는 비용보다 크다고 확신이 들 때 진군나팔을 불게 되는 것입니다. 현대 경제학의 용어를 쓰자면 '제국이 한 단위 확대될 때 추가로 발생하는 편익(한계편익)이 추가로 부담하게 되는 비용(한계비용)과 같은 수준이 되는 지점'이 제국의 최적 규모가 됩니다. 그래프를 활용해 설명하자면 오른쪽 그림과 같습니다.

그러나 이런 계산법은 현실에서 유용한 잣대가 되기 어렵습니다. 무엇보다도 전쟁의 결과를 예측하기 어렵기 때문이지요. 전쟁이 얼마나 오래 지속될지, 전쟁에서 최종적으로 승리할 수 있을지, 나중에 반란은 없을지 등 다양한 변수들이 존재합니다. 동맹국들의 동정, 국내의 정

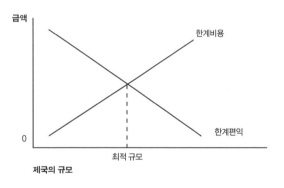

치 상황, 지도자로서의 위신 등도 중요한 변수가 될 수 있지요. 이런 불확실성이 클수록 이 '비용−편익분석법'의 효용은 떨어질 수밖에 없습니다.

고대 로마의 역사로 돌아가보지요. 로마의 영토는 기원전 2세기부터 크게 확장됐습니다. 기원전 31년 내전을 승리로 장식한 옥타비아누스는 스스로를 '아우구스투스(존엄한 자)'라고 칭하고는 실질적인 황제가 됐습니다. 그는 막강한 군사력을 바탕으로 영토 확장을 계속했어요. 그러나 영원히 승승장구할 것만 같았던 로마 군대는 기원후 9년 게르만족과 벌인 전쟁에게 크게 패하고 말지요. 이른바 '토이토부르크 숲 전투' 혹은 '바루스 전투'라고 불리는 싸움이 결정적이었습니다. 로마가 라인강 너머 게르마니아 상부까지 제국의 영토를 확장하고자 벌인 전투였습니다. 로마 장군 바루스가 이끄는 세 개 군단은 아르미니우스*가 이끄는 게르만 매복부대의 공격을 받아 처참하게 패했지요. 무려 2만 명에 가까운 병사가 목숨을 잃었습니다.

「바루스 전투」(그림2-5)는 1909년 독일 화가 오토 알베르트 코흐 Otto Albert Koch가 그린 토이토부르크숲 전투 장면입니다. 중무장한 로마 군대를 훨씬 가볍게 무장한 게르만 군대가 제압하고 있네요. 날개 장식의 투구를 쓰고 병사들을 이끄는 아르미니우스가 그림의 중앙에 배치되어 있습니다. 19세기 후반과 20세기 초반 독일에서는 민족주의 열풍이 뜨거웠습니다. 뒤늦은 정치적 통일을 배경으로 공업화와 군사화에 박차를 가하던 시기였지요. 선발 공업국들을 제치고 신흥 강국으로 도약하겠다는 국민적 열망은 민족주의를 연료 삼아 뜨겁게 불타올랐습니다. 화가는 이 시대적 분위기를 가득 담아 게르만의 영광스런 과거를 화폭에 재현한 것이지요.

TIP

아르미니우스
Arminius,
BC 18~AD 19
게르만의 케루스키족의 족장. 로마 세력을 라인강 선으로 후퇴시키는 전과를 거두었다.

그림2-5 오토 알베르트 코흐, 「바루스 전투」, 1909년

전투를 시작할 때 아우구스투스는 과연 비용-편익분석법을 염두에 두었을까요? 주먹구구식으로나마 계산을 해봤을 수는 있겠지만, 전투에서 대패한 걸 보면 그의 예측이 어긋났음이 분명해 보입니다. 어쨌든 이 전투에서 패배함으로써 로마제국의 팽창은 실질적으로 끝이 납니다. 3세기까지 제국의 국경이 약간 더 확장되긴 했지만, 라인강은 '문명세계'인 로마와 그 외부의 '야만세계'를 나누는 확정적 경계선으로 자리잡게 되지요.

노예제의 변화, 농노의 탄생

그후 노예제는 어떻게 되었을까요? 제국 밖으로부터 노예 공급이 차단되자 제국 경제가 흔들리기 시작합니다. 이에 대응해 노예에게 쉽게 자유권을 부여하지 못하도록 법적 제약이 가해졌지요. 또 도망간 노예를 끝까지 추적해 잡아오는 사례가 증가했습니다. 그러나 이런 조치만으로 흔들리는 노예제를 붙잡을 수 없었지요. 라티푼디움을 운영하던 대지주들은 필요한 노동력을 확보하기 힘들어졌습니다. 결국 라티푼디움은 분할되어 소농민에게 대여되었지요.

그런데 자유민 신분이었던 소농민들 중에서는 증가하는 세금 부담과 치안 불안을 피해 힘센 대지주 아래로 자발적으로 들어가 소작인이 되는 이가 생겨났습니다. 노예였다가 신분이 상승한 사람이 소작인으로 흡수되기도 했고요. 이런 변화 속에서 대지주는 노동력을 확실하게 잡아두기를 원했어요. 그래서 소작인이 자유롭게 이동하는 것을 금지하고 예속관계를 세습화했습니다. 중세 유럽의 대표적 생산자인 농노가 이런 과정을 통해 탄생하게 되지요.

고대 로마의 경제적 번영은 대규모 노예 집단이 없었다면 이루어지지 못했을 것입니다. 수많은 사회·문화적 성과도 노예제를 기초로 이룩된 것이었지요. 이 노예제는 계속된 확장 전쟁 덕분에 유지될 수 있었습니다. 로마가 팽창을 멈추자 노동이 부족해지면서 경제기반이 흔들리기 시작했습니다. 결국 지중해와 유럽의 광대한 지역을 호령했던 대제국 로마는 재정이 악화되면서 스스로 국경을 방위하는 것조차 버거운 상황으로 몰렸지요. 로마의 법이 곧 드넓은 지역의 질서로 통하는 '팍스 로마나'* 시대를 열었던 로마, 이를 통해 국지적 세계화의 선봉장 역할을 했던 로마가 붕괴함으로써 유럽은 전혀 새로운 상황을 맞게 됩니다. 소규모의 파편화되고 분권화된 형태의 중세사회가 시작된 것이지요. 유라시아의 반대편 동아시아에서는 로마와 견줄 만한 대제국 한나라가 멸망한 이후에도 거대한 제국들이 차례로 등장했던 사실과 뚜렷한 대조를 이루는 역사적 흐름입니다.

TIP

팍스 로마나
Pax Romana

'로마의 평화'라는 뜻으로 로마 통치자가 정한 질서가 곧 드넓은 제국의 질서로 통용되는 상황을 지칭한다. 로마가 대영토를 유지하며 평화를 누렸던 약 200년의 기간을 말한다.

03

봉건제 질서의
탄생

훈족과 게르만족의 도미노 효과,
유럽 중세를 만들다

로마제국이 결정적으로 무너지게 된 데에는 외부로부터의 압박이
중요한 작용을 했습니다. 중앙아시아 지역에서 훈족이 서쪽으로 세
력을 넓히자 동유럽과 중부 유럽에 거주하던 게르만족은 서쪽으로
이동할 수밖에 없었지요. 로마제국의 방어력은 이미 취약해진 상
태였기 때문에 밀려오는 게르만족을 막아낼 수 없었습니다. 결국
476년에 서로마제국이 멸망하면서 유럽은 제국 체제를 끝내고 말
았습니다. 대신 등장한 중세 유럽은 봉건제에 기반을 둔 소규모의
통치단위가 특징적이었습니다. 중앙 권력의 힘이 부족했기 때문에
지방분권적인 봉건 체제가 새로운 질서로 자리를 잡게 된 것이지요.
이 시기는 우리나라에서 삼국이 치열한 각축전을 벌이던 때였습니
다. 고구려가 평양으로 천도를 한 것도, 백제가 웅진으로 천도를 한
것도 모두 이 시기의 일이었습니다.

그림3-1 조제프노엘 실베스트르, 「야만족에 의한 로마의 함락, 410년」, 1890년

근육질의 사내 둘이 대리석 조각상의 목에 밧줄을 걸고 있습니다. 로마 황제의 석상이네요. 눈부시게 새하얀 석상과 사내들의 구릿빛 육체가 강렬한 대조를 이룹니다. 아래쪽에서는 다른 사내들이 밧줄을 잡아당기려 하고 있습니다. 뒤로는 대장으로 보이는 인물이 말 위에서 이 작업을 지켜보고 있고요. 다른 이들은 횃불과 창을 들고 방화와 약탈에 몰두하고 있습니다. 이들 역시 배경을 이루는 건물들이 풍기는 웅장하고 질서 정연한 분위기와 대조적입니다. **이 그림은 어떤 역사적 사건을 소재로 한 것일까요?**

그림3-1은 프랑스의 화가 조제프 노엘 실베스트르Joseph-Noel Sylvestre가 그린 「야만족에 의한 로마의 함락, 410년」입니다. 19세기 말에 유행한 대형 '공식화'로, 이런 그림을 '라르 퐁피에르L'art pompier'라고 부르지요. '소방관 미술'이라는 뜻인데, 당시 소방관의 헬멧이 고대 그리스시대의 헬멧과 비슷하게 생겨서 붙은 이름이라고 해요. 부유한 계층의 입맛에 맞게 제작된, 지나칠 정도로 힘이 들어간 대형 역사화를 비꼬듯이 부르는 명칭입니다.

이 그림은 410년 서로마가 서고트족이라는 부족의 침략을 받는 모습을 묘사하고 있습니다. 알라리크 1세*가 이끄는 서고트족* 군대가 로마를 공격해 점령하고 약탈을 자행했습니다. 로마로서는 800년 만에 처음으로 함락당하는 치욕스런 순간이었지요.

5세기 초까지 로마제국의 국경 바깥으로는 로마인들이 '야만인'이라고 부른 여러 집단들이 살고 있었습니다. 제국 북쪽에 거주하는 이들을 총칭해 '게르만족'이라고 부르는데, 역사가들은 이것이 혈연적이거나 인종적으로 단일한 집단을 의미하지는 않고 문화적·언어적 혹은 정치적인 유사성에 기초한 '느슨한' 분류라고 말합니다. 서고트족은 이런 게르만족 가운데 하나로, 주로 다뉴브강과 흑해 주변을 근거지로 삼아 살아왔습니다. 로마인들이 이들을 제국의 질서 밖에 존재하는 야만인으로 인식했던 역사는 1500년이 흐른 뒤에 제작된 그림 3-1에도 자취를 남겼습니다. 화가는 로마제국이 쌓아올린 '문명'과 침략자들의 '야만'을 극명하게 대조시켰지요. 대제국의 수도를 점령한 서고트족은 벌거벗은 차림에다 싸움에만 능할 뿐 우아한 건축물과 조각품은 안중에 없던 문명파괴자로 그려졌어요.

410년의 사건을 다른 방향에서 그린 작품도 있습니다. 「호노리우스 황제의 애완조」(그림3-2)는 19세기에 왕성하게 활동한 화가 존 윌리엄 워터하우스John William Waterhouse가 그린 로마 황실의 모습입니다.

그림을 한번 볼까요. 붉은 옷을 입은 황제 호노리우스가 왕좌에 앉아 양탄자 위에서 모이를 먹고 있는 비둘기들을 내려다보고 있습니다. 오른손으로 모이를 한 줌 쥐어 비둘기에게 주는 동작이지요. 흰 옷을 입은 신하들이 황급히 황제에게 달려와 로마가 방금 수명을 다했다고 아룁니다. 황제는 뭐라고 대답했을까요?

"내 손에서 방금 모이를 먹었는걸."

그림3-2 존 윌리엄 워터하우스, 「호노리우스 황제의 애완조」, 1883년

황제는 로마라는 이름의 비둘기를 생각하고 있었던 것입니다.

신하들이 야만 군대에 의해 제국의 수도 로마가 무너졌다고 다시 보고를 합니다. 그러자 황제는 안도의 한숨을 내쉬며 이렇게 말합니다.

"난 또 내 애완조가 죽은 줄 알았네."

로마 말기 무능하고 무기력했던 황제들 가운데 한 명으로 기억되는 호노리우스의 일화가 사실에 입각한 것이었는지는 불확실합니다. 『로마제국 쇠망사』를 쓴 에드워드 기번의 판단처럼 이 일화는 실제로는 일어나지 않았을 가능성이 높습니다. 그러나 로마제국 말기의 분위기를 훗날 사람들이 어떻게 이해했는가를 잘 보여주는 그림인 것은 분명하지요.

게르만족의 대이동

게르만족이 로마제국을 괴롭힌 것은 410년이 처음은 아니었습니다. 4세기부터 제국은 흔들리기 시작했습니다. 378년 로마의 허락을 받고 제국 내부에서 거주하던 서고트족이 반란을 일으켜 대규모 로마군을 괴멸했습니다. 한편 쇠약해진 로마제국은 395년 서로마와 동로마로 나뉘게 되었습니다. 406년에는 반달족, 수에비족, 알란족이 얼어붙은 라인강을 건너 서쪽으로 전진해서 갈리아 지방을 초토화시켰지요. 부르군트족과 프랑크족도 갈리아를 침략하고 자신들의 왕국을 건설했습니다. 특히 반달족은 이동을 계속했습니다. 지도자 가이세리크Gaiseric는 428년에 8만 명의 부족민을 이끌고 이베리아반도를 지나 북아프리카로 이동했고, 이어서 아프리카 북단을 장악하고 반달왕국을 건설했지요. 반달족은 439년 카르타고를 점령한 데 이어, 시칠리아, 사르디니아, 코르시카, 몰타를 차례로 점령하면서 서지중해 전역을 장악하는 데 성공합니다. 반달족의 정복사는 455년 이들이 마침내 로마를 점령하고 약탈함으로써 완성됐지요.

「로마의 약탈 455년」(그림3-3)은 러시아 화가 카를 브륨로프Karl Bryullov가 특유의 현란한 색조로 묘사한 반달족의 로마 약탈 장면을 담고 있습니다. 이 그림에서도 첫번째 그림(그림3-1)과 마찬가지로 '야만'과 '문명'의 대조가 두드러지지요. 특히 흰 피부의 로마 여성들과

그림3-3 카를 브륨로프, 「로마의 약탈 455년」, 1833~36년

이들을 강제로 끌고 가는 짙은 피부의 약탈 부대원들이 뚜렷한 대조를 이룹니다. 그림의 오른편에는 교황이 마치 유령처럼 희미한 모습으로 서 있습니다. 화면의 인물들에게 교황은 흡사 존재하지 않는 듯이 느껴질 지경입니다.

이상에서 살펴본 것처럼 4~5세기에 걸쳐 유럽 전역에서 게르만족의 대이동이 전개되었고, 결국 서로마는 476년 게르만족 용병대장 오도아케르에 의해 멸망합니다. 그렇다면 게르만족은 애초에 왜 로마제국을 공격한 것일까요? 사실 이들은 적극적이고 주도적으로 공격을 결정한 것이 아니었습니다. 중앙아시아 초원지대로부터 훈족®이 서쪽으로 세력을 확장함에 따라 압박을 받았기 때문에 어쩔 수 없이 이동을 결심하게 된 것입니다. 훈족이 동아시아 역사에 등장하는 흉노족®과 동일한 집단인가에 대해서는 역사가들의 의견이 일치하지 않습니다. 그러나 훈족이 유목생활에 익숙하고 전투능력이 뛰어난 기병을 거느렸다는 점은 모두가 인정하는 사실입니다.

4세기 중반 훈족은 근거지였던 볼가강 동부를 벗어나 서쪽으로 나아가며 약탈과 정복을 시작했습니다. 제일 먼저 알란족을 격파했고 이어서 슬라브족과 동고트족을 희생시켰지요. 서고트족을 포함한 여러 게르만족은 가공할 전투력을 과시하는 훈족을 피해서 남쪽과 서쪽으로 이동하기로 결심합니다. 감염병과 반란과 경제 후퇴로 이미 쇠약해지고 있던 로마제국은 이들이 국경내로 침투하는 것을 막아내기 어려웠지요.

훈족과 게르만족이 만들어낸 도미노 효과

훈족의 전성기는 강력한 지도자 아틸라가 활약한 5세기 전반입니다. 그는 지금의 루마니아에서 시작해서 동쪽으로 카스피해, 서쪽으로 라인강에 이르는 광대한 제국을 건설했지요. 초기에 훈족은 게르만족을 떠밀어 이주시키는 역할만을 했지만, 아틸라가 이끄는 훈족은 직접 동·서로마제국을 공격했습니다. 그들은 동로마제국을 공격해 여러 도시를 함락하고 공납을 강요했고, 서로마제국을 치기 위해 갈리아의 오

TIP

훈족
중앙아시아의 초원지대에 거주하던 유목민족. 4세기부터 서쪽으로 나아가 게르만족을 압박했고 이어서 로마제국을 직접 위협했다.

흉노족
2000여 년 전 동아시아 북방에 거주한 유목민족. 중국의 진시황이 흉노족의 침입을 막으려고 만리장성을 쌓았다.

그림3-4 외젠 들라크루아, 「이탈리아와 예술품들을 유린하는 아틸라 부대」(부분), 1838~47년

를레앙까지 진격했습니다.

아틸라가 갑삭스럽게 사망함으로써 훈족의 진성시대는 끝을 맺지만, '야만인' 아틸라가 가했던 무시무시한 위협은 서유럽인들의 뇌리에 깊이 각인되었지요. 그림3-4는 낭만주의를 대표하는 화가 외젠 들라크루아Eugene Delacroix가 그린 아틸라의 모습입니다. 늑대 가죽을 뒤집어쓰고 말 위에서 철퇴를 휘두르는 거친 전사의 모습이 강렬한 색깔로 묘사되어 있지요. 흥미롭게도 이 그림에서 야만성은 경멸과 두려움의 대상이 아니라 오히려 이국적인 매력을 내뿜는 요소로 다가옵니다. 자세한 기록이 남아 있지 않은 역사적 인물을 뛰어난 상상력과 표현력으로 새롭게 부활시킨 화가의 재주가 참으로 놀랍지요.

훈족과 게르만족이 만들어낸 도미노 효과는 유럽을 어떻게 변모시켰을까요? 동로마제국은 쇠망의 위기를 벗어나 1000년이나 역사를 더 끌어가게 되었지만, 서로마제국은 회복이 영영 불가능한 상태를 맞고 맙니다. 그리고 서로마제국이 사라진 자리에 새로운 중세 질서가 형성되어갑니다. 새 질서의 핵심은 '제국 없는 통치'였습니다. 모든 제국은 영토 전역에서 조세를 거둬 재정 기반을 마련하고 이를 바탕으로 군대와 관료를 전역에 파견하여 통치하는 구조를 가집니다.

그런데 서로마제국이 붕괴하여 체계적으로 조세를 거두지 못하게 되자 국방과 치안을 확보할 길이 막막해졌지요. 지역의 유력자들이 안전을 도모하기 위해서 할 수 있는 선택은 개인적으로 무력을 갖추는 방법뿐이었습니다. 그래서 탄생한 것이 봉건제feudalism입니다.

봉건제는 '주군'(상급 영주)과 '가신'(하급 영주)이 서로 맺는 관계를 의미합니다. 외부 세력과 물리적 충돌이 우려되는 상황이 발생하면 주군은 가신에게 기사로서 출병할 것을 요청할 권리를 가지며 이런 충성의 대가로 봉토를 가신에게 제공하는 형태였습니다. 국가가 안전을 제공할 수 없는 환경에서 민간이 스스로 군사력을 확보하기 위해 발전시킨 제도가 봉건제였던 것이요. 주군 한 명은 여러 가신을 두었고, 가신은 다시 더 작은 여러 영주들의 주군 역할을 했습니다. 그리고 이 모든 영주들의 토지를 예속적 존재인 농노가 경작했지요. 이리하여 최상위 주군에서 최하위 농노에 이르는 피라미드형 사회구조가 짜였습니다.

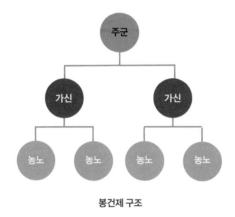

봉건제 구조

유럽 봉건제의 확립 ────

유럽을 둘러싼 군사적 위협은 쉽게 사그라지지 않았습니다. 오히려 8~10세기에 압박의 강도가 높아졌지요. 남쪽에서 이슬람 세력이 치고 올라왔고, 북쪽으로부터 바이킹족의 공세가 이어졌으며, 동쪽에서는 마자르족이 침략하면서 공납을 요구했습니다. 봉건제가 유럽 사회의 기본적 질서로 자리를 잡을 수밖에 없는 여건이었던 셈이지요. 훗

그림3-5 헨리 롤리, 「훈족 아니면 홈?」, 1918년

날 화약무기가 도입되어 기사의 군사적 가치가 떨어질 때까지 봉건제는 계속되었습니다.

훈족이 남긴 인상이 깊어서였는지 훈족에 대한 언급은 20세기까지도 이어졌습니다. 1900년 중국에서 의화단운동*이 일어나자 독일 황제 빌헬름 2세는 "천 년 전 아틸라가 이끈 훈족의 명성이 전설이 되었던 것처럼" 중국인들을 가차 없이 혼쭐내라고 군대에게 명하였지요. 그후 1914년에 제1차세계대전이 발발하자 영국은 독일과 선전전을 뜨겁게 벌였는데요, 이때 영국에서 빌헬름 2세의 언급을 이용해 독일인을 훈족에 비유하자는 아이디어가 등장했습니다.

앞의 포스터(그림3-5)는 헨리 롤리Henry P. Raleigh가 제1차세계대전 당시 공채* 판매를 독려하기 위해 제작한 포스터입니다. 시커먼 형상의 괴물이 어린 아기를 안은 젊은 여인을 위협하고 있네요. 남편으로 보이는 인물은 이미 희생되어 괴물의 발아래 놓여 있습니다. 괴물은 정수리에 꼬챙이가 달린 피켈하우베pickelhaube라는 투구를 쓰고 있습니다. 당시 독일군이 착용한 이 투구는 옛날 훈족이 썼던 것과 비슷한 형태였기 때문에 비유의 대상으로 삼기에 적당했지요. '훈족(독일)에게 당할래, 아니면 전쟁에서 이겨 안전하게 집으로 돌아갈래?'라고 포스터는 묻습니다. 독일이 곧 야만을 의미한다는 이미지화 작업은 이렇게 완성되었습니다.

중세 초에 게르만족과 훈족은 대립하는 관계였지만 20세기 초 정치적 선전에서는 역사적 실체는 중요하지 않았습니다. 비주얼화한 이미지만이 중요할 뿐이었지요.

TIP

의화단운동
청나라 말기인 1900년 비밀 결사단체인 의화단이 외세 배척을 내걸고 일으킨 운동. 베이징에 입성해 외국 공관을 공격하였으나 서구 8개국 연합군에게 패하였다.

공채
국가나 공공단체가 경비를 조달하기 위해 발행하는 증서. 증서를 구매한 사람에게 국가나 공공단체가 나중에 빚을 갚아야 한다는 내용을 담은 채권이다.

04

장거리 무역의
귀재

이슬람 상인,
지구 절반을 촘촘한 무역망으로 엮다

7세기에 아라비아반도에서 무함마드가 이슬람교라는 새로운 종교를 창시했습니다. 이슬람교는 놀라운 속도로 교세를 확장했어요. 서아시아 전역으로 전파된 데 이어서 아프리카를 거쳐 유럽 남부까지 세력을 뻗었습니다. 중앙아시아와 동남아시아도 차례로 이슬람교를 받아들였어요. 이슬람교가 자리를 잡은 지역은 종교적 동질성을 기반으로 경제활동도 자유롭게 이루어졌습니다. 따라서 동시대의 이슬람 세계는 거대한 경제권을 형성할 수 있었지요. 중국에서 당과 송 왕조가 등장했다가 사라지고, 우리나라에서는 통일신라를 뒤이어 고려시대가 펼쳐지던 시기였습니다. 이슬람 상인들은 술탄의 적극적 지원에 힘입어 육상과 해상에서 발군의 무역 능력을 과시했습니다. 과학과 기술에서도 뛰어난 성과가 많이 등장했지요. 화학, 의학, 천문학 등에서 이들이 쌓은 지식은 세계 각지로 전파되었고, 특히 유럽에서 르네상스가 발생하는 데 중요한 역할을 했습니다.

그림4-1 알-와시티, 『마카마트』에 수록된 그림, 1237년

벽돌로 지은 이슬람식 건물 안에 많은 사람들이 뒤엉켜 누워 있습니다. 얼마나 깊이 잠에 빠졌는지 불편한 자세에도 깨어날 기색이 없어 보이네요. 대부분 수염을 기르고 머리에는 터번을 두르고 있으며, 팔에 금색 완장이 있는 긴 옷을 입고 있습니다. 자세히 보면 잠이 들지 않은 사람이 두 명 있군요. 가운데 서 있는 푸른 옷을 입은 사람과 왼편에 있는 흰 옷을 입은 사람입니다. **이 그림은 어떤 장면을 묘사하고 있을까요?**

그림4-1은 이라크의 유서 깊은 오아시스 도시 와시트Wasit에 있는 건물을 묘사하고 있습니다. 잠에 빠져 있는 사람들은 이슬람 상인들이며, 이들이 누워 있는 건물은 사막을 건너 교역을 하는 대상隊商, caravan이 머무는 숙소인 카라반세라이caravanserai입니다. 자세히 보면 눈을 뜨고 있는 두 사람이 잠이 든 상인들에게서 물건을 빼내고 있습니다. 일부러 약을 탄 음식을 먹여 정신을 잃게 하고는 소지품을 훔쳐 빼내는 현장이지요.

사막을 가로지르는 무역

그림4-1은 알-와시티al-Wasiti가 그린 13세기 작품으로, 알-하리리al-Hariri가 저술한 것으로 알려진 고전 문학작품 『마카마트Maqamat』에 수록된 것입니다. 원작 자체의 스토리가 따로 있기는 하지만, 이 그림에서 우리는 당시 이슬람 무역 상인들이 겪었음직한 위험에 공감할

수 있습니다. 낙타를 이끌고 험난한 사막을 고생스럽게 건너 오아시스 마을에 무사히 도착하면 상인들은 안도하면서 긴장을 풀었을 겁니다. 이들이 마음을 놓는 바로 그 순간, 눈에 보이지 않는 위험이 닥치는 것이지요.

사람들이 낙타를 운송에 본격적으로 이용하기 시작한 것은 2세기경입니다. 낙타는 말이나 노새보다 많은 짐을 나를 수 있었고, 특히 사막을 건너는 데 유리했습니다. 황량하고 드넓은 사막을 지나는 일은 상인들에게 고통스러웠지만, 대신 사막에는 강이나 밀림이 없어서 이동거리가 상대적으로 짧았고 맹수가 공격할 위험도 없었지요. 또한 기후가 건조하여 병균이 서식하기 어려웠으므로, 상인이 질병에 걸리거나 물건이 변질될 위험도 적었지요. 이런 이점들이 상인의 육체적 고단함을 상쇄하고도 남았기 때문에, 대상무역•은 끊이지 않고 이어졌습니다.

이슬람 상인들이 육로만 이용한 것은 아니었습니다. 이들은 홍해와 페르시아만을 항해했을 뿐만 아니라, 인도양을 가로지르는 장거리 무역에서도 발군의 능력을 보였지요. 그림4-2는 '다우'라고 불리는 아랍 전통 선박이 페르시아만을 항해하는 모습을 묘사하고 있습니다.

자세히 보면 선실에 탄 승객들은 모두 흰 피부에 색색의 터번을 두른 모습인 반면, 선상에서 일하는 선장과 선원들은 모두 피부가 검지요. 이렇게 인물들을 두 부류로 다르게 표현한 데에는 이유가 있습니다. 배를 몰고 짐을 옮기는 선장과 선원은 인도인이고 배에 타고 있는 승객은 무역업의 주역이었던 이슬람 상인이었기 때문입니다.

이슬람 상인들의 해상 활약상은 대단했습니다. 지중해에서 유럽인과 거래한 이들은 바그다드에서는 페르시아만을 거쳐, 그리고 알렉산

대상무역
건조한 지역에서 주로 낙타를 이용해 이루어진 교역. 곳곳에 위치한 오아시스를 연결하는 방식으로 교역이 이루어진다.

그림4-2 알-와시티, 『마카마트』에 수록된 그림, 1237년

아바스 왕조750~1258
750년에 우마이야 왕조를
무너뜨리고 건립된 이슬람
왕조. 지금의 이라크를 중심
으로 서아시아 지역을 지배
했으며, 이슬람 문화의 황금
기를 누렸다. 1258년에 몽
골에 의해 멸망했다.

드리아와 카이로에서는 홍해를 거쳐 인도양에 이르렀습니다. 이어서 이들은 인도양을 가로질러 동남아시아에 도달했고, 심지어 동아시아까지도 건너가서 무역을 했지요. '신밧드Sindbad의 모험' 이야기 아시죠? 이 이야기는 아바스 왕조°를 배경으로 당시 바다 건너 미지의 세계에 대한 이슬람인들의 관심과 동경을 잘 보여줍니다.

무역업의 귀재, 이슬람 상인

이슬람 상인들이 무역업에서 눈부신 성과를 낼 수 있었던 이유는 무엇일까요? 역사가들은 이슬람 사회가 다른 문화권에 비해 상업을 높이 생각하는 경향이 있었다고 평가합니다. 여기에는 이슬람교를 창시한 무함마드°가 상인 출신이라는 점도 작용했지요.

하지만 더 중요한 이유는 이슬람 통치자들의 적극적인 정책에서 찾을 수 있습니다. 그들은 이슬람교도가 아닌 이들도 국가에 인두세°만 납부하면 경제활동에 제한을 받지 않도록 했습니다. 카라반세라이를 지어 국가에 기부하는 사람에게는 세금을 감면해주기도 했지요.

또한 최고 권력자인 술탄이 지켜보는 앞에서 상인과 제조업자의 동업조합원들이 대표 상품을 들고 행진하는 행사를 정기적으로 열었습니다. 이들이 좋은 상품을 생산하고 판매하는 것을 독려했던 것이지요. 동업조합은 기술을 표준화하고 공급량을 조절하는 역할도 했지만, 장거리 무역업에 따르는 위험을 구성원들에게 분산하는 보험 역할도 담당했습니다.

『축제의 책°』에 등장하는 그림4-3은 이런 행사의 한 예를 보여줍니다. 이스탄불에 있는 대형 경기장을 묘사하는 이 그림 위쪽 왼편에는

무함마드
Muhammad, 570~632
이슬람교를 창시한 아랍의
예언자로 마호메트 또는 모
하메드라고도 불린다. 신의
계시를 받고 알라를 모시는
이슬람교를 만들고 전파했다.
『코란』을 경전으로 삼았다.

인두세
성별, 신분, 소득 등에 관계없
이 한 사람당 일정한 금액으
로 부과된 세금.

『축제의 책』
Surname-i Vehbi』
오스만제국의 축제 광경을
화려한 색깔과 필체로 묘사
한 책. 최초의 것은 1524년
왕실 결혼식을 그린 것이다.

그림4-3 『축제의 책』, 1582년

오스만제국의 술탄이 앉아 있고, 오른편으로는 많은 관객들이 3층 공
간을 가득 채우고 있지요. 행진을 하는 사람들은 방직업자 동업조합의
일원들입니다. 이들은 화려한 문양의 상징물과 직물을 들고 행진하면
서 술탄과 관객들에게 생산품을 과시하고 있습니다. 이러한 적극적 국
가 정책에 힘입어 이슬람 상인들은 국제적 경쟁력을 키워나갈 수 있
었던 것입니다.

이슬람 세계의 경제적 위상을 단적으로 보여주는 사례가 1324년에 있었습니다. 아프리카의 사하라사막 이북 지역은 10~12세기에 대부분 이슬람교로 개종했습니다. 이 종교적 통일은 이슬람 경제권의 확대를 의미하기도 했지요.

13세기에 북아프리카의 중심국으로 등장한 말리제국®은 14세기에 세계 최대의 금 생산국이었습니다. 말리제국은 이슬람권 전역에 금을 공급하는 국가로 명성을 떨쳤지요. 1324년 독실한 이슬람교도였던 만사(황제) 무사는 메카로 성지순례를 떠났습니다. 이슬람교도는 모두 일생에 한 번은 성지순례를 가는 것을 종교적 의무로 여겼습니다.

당시 기록에 따르면, 그의 순례 행렬에는 1만2000명에 이르는 노예가 포함되어 20톤 이상의 금덩이를 수송했으며, 이와 별도로 80마리의 낙타가 수 톤에 이르는 사금을 날랐다고 합니다. 당대 세계 최고의 부자였을 만사 무사는 순례 길에 거친 카이로와 메디나에서 빈민들에게 금을 나눠주었고, 그곳 상인들에게 각종 물품을 비싼 값에 구입했습니다.

그 결과 이 도시들에서는 물가가 갑자기 올라가는 현상이 발생했지요. 한 개인이 대도시에 물가 폭등을 유발했다는 점에서 역사적으로 유례를 찾기 힘든 대사건이었습니다. 이 사건이 얼마나 인상적이었던지 50년이 지난 14세기 후반 아브라함 크레스크Abraham Cresques가 제작한 스페인 카탈루냐의 지도첩(그림4-4)까지 그 내용이 등장합니다. 황금으로 치장하고 황금덩이를 손에 든 채 왕좌에 앉아 있는 만사 무사의 모습이 낙타를 탄 아랍 상인의 소박한 모습과 대조를 이룹니다.

TIP

말리제국
13~17세기에 서아프리카 니제르강 유역에 있었던 제국. 금 생산으로 유명해 아프리카와 서아시아에 경제적으로 큰 영향을 끼쳤다.

그림4-4 아브라함 크레스크, 『카탈루냐 지도첩』, 1375년

이슬람 세계의 힘이 이슬람교도의 상업적 수완으로만 이루어진 것은 아니었습니다. 과학기술을 포함한 다양한 학문에서도 이슬람 세계는 눈부신 성취를 이루었지요. 우선 대표적인 발명가 알-자자리al-Jazari의 『천재적 기계장치 지식에 관한 책』을 볼까요.

1206년에 저술한 이 책에는 100가지가 넘는 기발한 기계장치가 소개되어 있습니다. 여기에는 축과 기어와 실린더 등을 다양한 방식으로 이용한 발명품들이 등장하는데, 그림4-5에 그려진 코끼리 시계도 그 가운데 하나였습니다.

작동원리는 이렇습니다. 코끼리 모형의 몸통 안에 양동이가 있고 그 위에 작은 구멍이 뚫린 용기가 떠 있습니다. 물이 용기를 채우는 데 30분이 걸립니다. 물이 가득 차면 용기에 연결된 줄이 당겨져 탑 상단에 있는 상자에서 공이 용 모형의 입으로 떨어집니다. 그러면 용이 기울게 되어 그 힘으로 용기가 양동이 밖으로 밀려 나가게 됩니다. 이와 동시에 줄로 연결된 장치가 작동하여 꼭대기의 불사조 모형이 오늘날의 뻐꾸기시계처럼 소리를 내고, 코끼리를 조종하는 사람 형상의 로봇이 심벌즈를 때려 소리를 냅니다. 물을 이용한 일종의 자동시계인 것이지요.

이 발명품이 다양한 문화적 요소들을 포함하고 있었다는 점도 흥미롭습니다. 발명가 스스로 언급한 대로 코끼리는 인도와 아프리카를 떠올리게 하고, 용은 중국을, 불사조는 페르시아를, 터번 차림은 이슬람을, 그리고 수력 장치는 고대 그리스를 연상시킵니다. 이슬람 세계의 다문화적 융합이라는 특성을 참으로 잘 보여주는 발명품이라고 말할

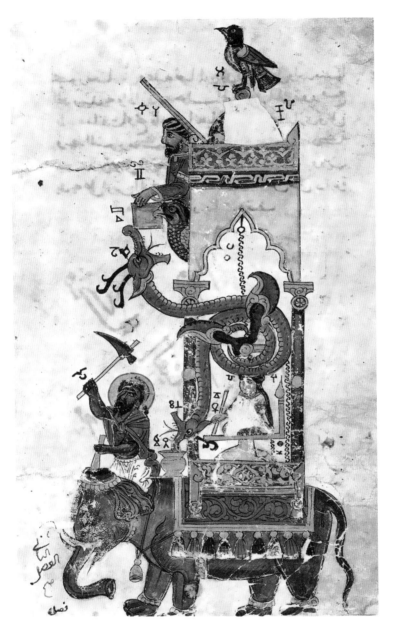

그림4-5 알-자자리의 '코끼리 시계 모형도', 『천재적 기계장치 지식에 관한 책』, 1206년

수 있습니다.

천문학의 발달도 두드러졌습니다. 1574년에 타키 알-딘Taqi al-Din 이 이스탄불에 건설한 천문대에서는 학자들이 모여 다양한 측량 기구를 개발하고 역법을 발달시켰어요. 다른 부문의 과학적 수준도 높았고요. 특히 실험에 기초한 화학 지식이 발달하여 알칼리, 알코올, 알케미(연금술) 등의 용어를 탄생시켰습니다. 요즘 널리 사용되는 용어인 알고리즘은 페르시아 출신의 수학자 알-콰리즈미al-Kwarizmi에서 유래했으며, 대수학이라는 의미의 알지브러는 알콰리즈미가 저술한 책에서 나온 말입니다. 이 용어들에서 이슬람 학자들이 이룬 뛰어난 업적을 짐작할 수 있습니다.

의학도 이슬람 세계가 자랑하는 학문 분야였어요. 이 분야에서 가장 유명한 인물은 11세기에 활약한 이븐 시나Ibn Sina였습니다. 그가 아랍 의학을 집대성해 저술한 『의학정전』은 라틴어로 번역되어 중세 유럽의 대학에서 핵심 교재로 사용됐습니다.

이슬람 세계는 고대 그리스의 지식을 널리 받아들이고 발전시키면서 세계사에 특별한 영향을 끼쳤습니다. 9세기에 수도 바그다드에 세워진 '지혜의 집Bayt-al-Hikam'에서는 이슬람 학자들이 고대 그리스의 수많은 책들을 번역하고 연구했습니다. 이렇게 번역된 책들은 이슬람 세계 곳곳에 위치한 도서관들로 보내졌는데, 이것이 훗날 이베리아반도에서 일어난 기독교 재정복운동* 과정에서 서유럽 기독교 세계로 전해지게 됩니다. 또한 15세기에 동로마제국이 멸망한 후에는 그곳의 학자들이 이슬람 세계로 이주해 와서 학문을 계승하고 전파하는 역할을 했지요. 유럽의 부흥을 낳은 르네상스*의 학문적 초석은 이렇게 예상하지 못했던 과정을 통해 마련되었습니다.

기독교 유럽인들이 중세 내내 적으로 간주했던 이슬람 세계가 훗날 유럽이 번영할 토대를 닦아주었다는 사실은 역사의 아이러니라고 하겠습니다.

역사를 돌아보면 100퍼센트 악惡이나 100퍼센트 선善은 찾아보기 어렵습니다. 어떤 문화권, 어떤 경제권이든 간에 나름의 장단점을 지니기 마련이지요. 이슬람을 통한 서유럽으로의 지식 전파는 대결 구도 중심의 근시안적인 관점을 버리고 장기적이고 포용적인 시각을 가져야만 세계화의 긍정적 효과를 궁극적으로 누릴 수 있음을 말해줍니다.

05

흑사병의
초대형 충격

팍스 몽골리카 시대,
질병을 세계화하다

13세기 칭기즈 칸의 지도력 하에 힘을 키운 몽골은 세계 최대의 제
국을 건설했습니다. 개방적인 정책을 배경으로 유라시아 동서교역
이 활발하게 이루어졌어요. 이탈리아의 도시국가들은 동양의 산물
을 수입해 유럽 전역에 판매함으로써 큰 번영을 누렸습니다. 그런데
1340년대에 갑자기 흑사병이 창궐하면서 모든 것이 변했습니다.
유럽 인구의 3분의 1이 사망했고 통치자와 교회는 권위를 상실했지
요. 중국과 인도, 아랍 지역도 흑사병의 공격을 피할 수 없었습니다.
중앙아시아의 토착질병에 불과했던 흑사병은 어떻게 이 시기에 유
라시아 전역을 휩쓴 무시무시한 팬데믹이 되었던 것일까요? 몽골제
국 하에서 동서교역과 교류가 활발하던 시절에 발생한 질병의 세계
화라고 볼 수 있습니다. 흑사병이 어떻게 세계사를 바꿔놓았는지 살
펴보지요.

그림5-1 「죽음의 승리」, 1446년경

마치 엑스선으로 투시한 것 같은 형상의 말이 질주하고 있습니다. 말 등에는 해골 형상의 인물이 큰 낫을 옆에 찬 채 올라타 있네요. 말발굽 아래에는 많은 사람들이 화살에 맞아 쓰러져 있습니다. 이 그림은 어떤 장면을 그린 것일까요? 희생자 중에 기독교 성직자가 많은 것을 보면 이교도의 공격을 묘사하는 것 같기도 하고, 귀부인이 많은 것을 보면 하층민의 반란을 묘사하는 것 같기도 합니다. **수수께끼처럼 보이는 이 그림은 과연 어떤 역사적 사실을 배경으로 하고 있을까요?**

추측과 달리, 그림5-1은 이교도의 공격이나 하층민의 반란과는 거리가 멉니다. 그렇다면 그림 속 사람들은 왜 죽었을까요? 해답의 단서는 그림5-2에 있습니다. 흰 천에 싸인 시신들이 묘지로 옮겨지고 오른쪽에서는 장례의식이 거행되고 있네요. 역병의 희생자들입니다. 그런데 시신을 운반하던 인부가 갑자기 바닥에 쓰러집니다. 희생자가 한 명 더 늘어나는 현장이군요. 흥미로운 것은 하늘에서 펼쳐지는 종교적 이야기입니다. 벌거벗은 차림으로 온몸에 화살이 꽂힌 남자가 하느님 앞에 무릎을 꿇고 죽은 자들을 위해 간절한 기도를 올리고 있습니다. 이 사람은 누구일까요?

역병을 지켜주는 성인?

그림5-2의 화살이 온몸에 꽂힌 이는 성 세바스티아누스St. Sebastianus입니다. 그는 로마시대의 장교였어요. 300년경 황제 디오클레티아누스

그림5-2 조스 리페랭스, 「역병 희생자를 위해 간절히 기도하는 성 세바스티아누스」, 1497~99년

의 경호를 담당할 만큼 신임을 받았는데, 은밀하게 기독교로 개종하고 기독교인을 도왔다는 이유로 화살을 맞는 형벌에 처해졌습니다. 그런데 그는 여러 대의 화살에 맞고도 죽지 않아 사람들을 깜짝 놀라게 했다고 해요.

15세기 프랑스 화가인 조스 리페랭스Josse Lieferinxe가 그린 이 그림은 7세기에 이탈리아의 파비아에서 발생한 역병을 주제로 삼고 있습니다. 역병이 한창일 때 너무나 많은 사람들이 병마에 희생되어 묘지가 부족할 지경이었다고 기록은 전하고 있지요. 화가 리페랭스는 이탈리아에 한번도 가본 적이 없었던 탓에 프랑스 남부 아비뇽의 풍경을 참조하여 그림을 그렸다고 합니다.

성 세바스티아누스가 이 그림에 등장하는 이유는 무엇일까요? 바이러스나 박테리아에 대한 개념이 없던 시절에 역병이 왜 발생했는지에 대한 사람들의 인식은 오늘날과는 크게 달랐습니다. 행성들이 특별한 구도로 배열되었다거나, 지진으로 지하의 사악한 기운이 지상으로 펴졌다거나, 신앙심을 잃은 인간에 신이 노여워한 탓이라는 해석이 주를 이루었지요. 기독교인들은 역병에서 자신들을 지켜줄 성인이 필요했습니다.

그런데 역병은 마치 하늘에서 빗발치는 화살과 같아서 어떤 이는 치명상을 입고, 어떤 이는 운 좋게 피하기도 하며, 또 어떤 이는 화살에 맞고도 죽지 않고 회복하기도 합니다. 이런 유사성에 착안하여 여러 발의 화살을 맞고도 살아남았다는 성 세바스티아누스가 역병의 수호성인으로 떠오르게 된 것이지요. 신자들은 그에게 기도함으로써 병마를 피할 수 있기를 기원한 것입니다.

그림5-1에 묘사된 희생자들을 죽음으로 몰고 간 것은 화살이 아니라 역병이었습니다. 이 그림은 부자도 성직자도 역병 앞에서 무력하기는 마찬가지라는 메시지를 우리에게 전해주고 있습니다.

유럽을 휩쓴 흑사병

역병은 오랜 세월 동안 인류를 따라다니며 괴롭힌 재난이었습니다. 그중에서도 가장 대표적인 역병이 1340년대에 유럽을 휩쓴 흑사병黑死病, Black Death이었습니다. 이 무자비한 질병으로 유럽 인구의 약 3분의 1이 목숨을 잃었습니다. 흑사병이 창궐한 이후 많은 화가들이 성 세바스티아누스의 그림을 그렸어요. 그중 하나인 안드레아 만테냐An-drea Mantegna의 1450년대 작품(그림5-3)을 볼까요. 이 그림에는 로마식 아치 구조물의 기둥에 묶인 채 온몸에 화살을 맞고 고통스러운 표정을 짓고 있는 성 세바스티아누스의 모습이 섬세한 붓놀림으로 묘사되어 있습니다.

흑사병은 어디에서 온 것일까요? 1347년 흑해에 위치한 카파라는 무역항에서 창궐하기 시작했다고 알려져 있어요. 당시 카파는 지중해 무역으로 번영을 누리던 이탈리아의 상업도시 제노바의 무역 기지였습니다. 제노바는 동양에서 수입하는 향신료와 직물 등을 유럽 전역에 판매하여 큰 이익을 거두고 있었지요. 당시 제노바는 베네치아와 더불어 이탈리아 전성시대를 이끄는 양대 축이었습니다.

흑해 지역에서 흑사병이 퍼지기 시작한 데 대해 흥미로운 이야기가 전해집니다. 1347년 킵차크한국*의 자니베크 칸이 이끄는 몽골군은 제노바인들이 방어하던 카파를 포위하고 공격 명령만을 기다리고

TIP

킵차크한국
몽골제국의 사한국의 하나. 1243년에 칭기즈 칸의 아들 주치와 손자 바투가 서시베리아와 남러시아에 세웠다. 14세기 전반 번영을 누리다가 16세기 초에 모스크바 대공국에 의해 멸망했다.

그림5-3 안드레아 만테냐, 「성
세바스티아누스」, 1450년대 후반

있었어요. 이때 몽골군 진영에서 역병이 발생했습니다. 전투가 불가능하다고 판단한 자니베크 칸은 시신을 투석기에 얹어 성내로 던지고는 철군을 했지요. 생물학 전쟁의 원조인 셈이었습니다. 투석기로 날아온 시신을 통해 감염된 제노바인들이 감염 사실을 모른 채 배를 타고 시칠리아 및 지중해 연안에 내리면서 흑사병이 유럽에 대유행하기 시작합니다. 이게 얼마나 신빙성 있는 이야기인가는 역사가들 사이에 논란이 있지만, 흑사병이 전파된 방향에 대해서는 대다수가 동의합니다. 어쨌든 이때부터 역병은 엄청난 속도로 확산되었어요. 불과 5년 만에 유럽 대부분의 지역에서 병마가 맹위를 떨쳤지요.

흑사병의 정체

흑사병의 정체는 19세기 말에야 밝혀졌습니다. 예르시니아 페스티스yersinia pestis라는 박테리아가 검은 쥐와 같은 설치류에 서식하는 벼룩을 통해 인간에게 감염됨으로써 발병하는 질병이지요. 이렇듯 벼룩이 문 상처를 통해 림프절에 병변을 만드는 '선線페스트'와 달리 사람의 호흡을 통해 감염되는 변종인 '폐肺페스트'도 있었다는 주장도 있습니다. 흑사병의 전파 속도가 무척 빨랐다는 점, 그리고 쥐가 거의 서식하지 않는 아이슬란드와 같은 지역에서도 발병했다는 점이 이런 주장을 뒷받침했습니다.

흑사병은 세상을 발칵 뒤집어놓았습니다. 가족과 이웃이 순식간에 질병에 희생되는 참혹한 광경 앞에서 사람들의 반응은 천태만상이었어요. 어떤 이는 감염의 위험을 무릅쓰고 헌신적으로 환자를 돌본 반면에, 어떤 이는 겁에 질려 부모 자식까지 버리고 도망을 갔지요. 어떤 이는 신께 간절한 기도를 올렸으며, 어떤 이는 순간적 쾌락에 탐닉했습니다. 흑사병이 신이 분노한 결과라고 여기고는 예수를 못박았다는 이유로 유대인들을 학살하는 끔찍한 사태도 발생했습니다. 대문과 창문을 꼭꼭 닫고 들어앉아 있으면 나쁜 기운이 집 안으로 들어오지 못할 것이라고 생각한 사람도 있었고, 향이 강한 허브를 태우면 효과가 있다고 믿은 사람도 있었지요.

전례 없는 대재앙 속에서 종교도 극단화된 모습을 띠었습니다. 특히 '채찍질 고행Flagellation'이 크게 유행했어요. 원래 채찍은 오래전부터 일부 금욕적 교단에서 참회의 수단으로 사용해왔습니다. 채찍질 고행은 이를 여러 지역을 순회하며 행하는 공공집회의 형태로 변형시킨

그림5-4 「네덜란드의 채찍질 고행 행렬」, 1349년

것이었지요. 이 고행은 흑사병 이전에도 이탈리아를 중심으로 존재했지만, 흑사병을 계기로 다시금 세간의 주목을 받습니다. 더욱이 이번에는 남부 유럽뿐 아니라 북부 유럽과 중부 유럽에서도 폭발적인 전파력을 보였어요. 독일과 네덜란드에서 이름을 떨친 채찍질 고행단인 '십자가형제단Brothers of the Cross'의 의례에 따르면, 이들은 예수의 생애 1년을 하루로 계산하여 33일 반 동안 매일 다른 지역으로 옮겨 다니면서 하루에 두 차례씩 땅바닥에 꿇어앉아 자신이 지은 죄를 참회하고 피를 흘릴 때까지 채찍질을 하는 의식을 치렀다고 합니다.

그림5-4에 네덜란드의 채찍질 고행 행렬의 일부가 묘사되어 있네요. 철편이 박힌 채찍을 손에 들고서 스스로를 때리며 행진하는 광경입니다. 채찍질 고행이 걷잡을 수 없이 확산되자 교황은 이를 금지하는 명령을 내렸고, 그래도 광풍이 계속되자 채찍질 고행이 이단과 연계되었다고 선언하기에 이르렀습니다.

당시 의학은 흑사병을 극복하는 데 얼마나 도움이 되었을까요? 오늘날 기대할 수 있는 수준과는 거리가 한참 멀었습니다. 유럽 최고 권위의 의학기관이었던 파리의과대학에서는 물병자리에서 토성, 목성, 화성이 교차한 것이 흑사병의 근본적 원인이고, 행성 교차 시에 오염된 증기가 바람에 실려 퍼진 것이 흑사병의 직접적 원인이라고 발표했지요.

한편 의사들은 환자에게 감염되지 않기 위해 독특한 복장을 고안하기에 이릅니다. 그림5-5가 이를 보여줍니다. 새 부리 모양의 마스크와 발목까지 덮는 긴 가운, 그리고 모자와 장갑으로 온몸을 감싸는 형태의 의복이었지요. 마스크의 부리 부분에는 향료나 식초 묻힌 헝겊을

그림5-5 역병에 대비한 의사의 복장

넣어 사악한 기운이 전파되는 것을 막고자 했고, 눈 부분에는 유리알을 박아 혹시 모를 접촉에 대비했습니다. 훗날 파티복의 형대로 남게 되는 이 괴상한 복장은 바로 흑사병에 대한 당시의 의학 수준을 보여주는 역사적 증거물이라고 하겠습니다.

세계화의 예기치 않은 부산물

오늘날 의학의 역사를 연구하는 학자들은 원래 흑사병이 중앙아시아의 토착 질병이었다고 파악합니다. 그런데 중세에 유라시아 동서 교역이 활성화되면서 사람, 가축, 물자의 이동이 빈번해짐에 따라 쥐와 같은 설치류의 서식 범위도 통상로를 따라 확대되었지요. 이것이 국지적 질병이었던 흑사병이 팬데믹으로 재탄생한 배경이었습니다. 달리 말하면, 흑사병은 세계화가 낳은 예기치 못한 부산물이었던 셈이지요.

당시 세계화가 진전된 데는 칭기즈 칸이 세운 몽골제국의 기여가 컸습니다. 한반도에서 흑해에 이르는 대제국을 건설한 몽골은 개방적 대외정책을 실시했고 역참제도* 등 무역진흥에 유리한 사회 시스템을 구축했어요. 베네치아 출신의 상인 마르코 폴로와 모로코 출신의 이슬람 여행자 이븐 바투타가 공통적으로 증언했듯이, 몽골제국은 사람과 상품이 이동하기에 최적의 제도를 갖추고 있었습니다. 몽골제국이 정한 제도와 질서, 관습이 광범위한 영향을 끼친 '팍스 몽골리카'* 시대의 진면목은 바로 이런 세계화의 급속한 진전에 있었다고 할 수 있습니다.

동서 교역의 확대가 토착 질병을 세계적 질병으로 변모시켰다

TIP

역참제도
광활한 영토를 효과적으로 연결하기 위해 마련한 교통 제도. 일정한 거리마다 역참을 설치하고 숙소, 말과 식량을 준비해 두어 관리가 사용할 수 있게 했다.

팍스 몽골리카
Pax Mongolica
'몽골 지배 하의 평화'라는 의미. 13~14세기 몽골이 대제국을 건설하면서 국지적 불안 요소가 해소되어 장기간에 걸쳐 안정이 유지된 시기를 말한다.

면, 흑사병이 유럽에서만 창궐했다고 보기 어렵지 않을까요? 최근의 연구는 흑사병이 유라시아 전역에 걸쳐 발생했음을 보여줍니다. 1330~50년대 사이에 중국에서 흑사병이 대규모로 창궐했으며, 인도와 서아시아의 무역항들과 이슬람 성지인 메카에서도 흑사병으로 많은 인구가 목숨을 잃었지요.

흑사병 이후 세계는 중대한 변화를 경험하게 됩니다. 서유럽에서는 봉건 영주와 교회의 지배력에 큰 균열이 발생했습니다. 농노들이 저항 끝에 신분제의 굴레에서 벗어나기 시작했어요. 대영주들의 지배력이 컸던 동유럽에서는 이와 반대로 강력한 억압 정책의 결과로 농노제가 오히려 강화되기도 했습니다. 서유럽이 선진 지역으로, 그리고 동유럽이 후진 지역으로 재편되는 과정이었지요. 한편 동아시아에서는 세계화의 중심축이었던 몽골제국이 쇠퇴함에 따라 유라시아 동서 교역도 위축되었습니다. 세계화의 부산물인 흑사병이 결국 세계화 자체를 축소시키는 결과를 낳았다는 사실은 역사의 아이러니가 아닐 수 없습니다.

06

중세 허풍쟁이의
베스트셀러

마르코 폴로의 중국 여행기,
미래 탐험가를 키우다

몽골제국 시대에 동서 교역이 활발했다는 사실을 보여주는 사례로 마르코 폴로를 들 수 있습니다. 그는 아버지를 따라 원나라의 황제 쿠빌라이 칸을 만나고 20년이 넘는 기간 동안 제국 곳곳을 방문했습니다. 이 시기는 원의 침략을 받고서 고려가 원의 부마국, 즉 사위 국가가 된 때이기도 합니다. 고려의 충렬왕은 쿠빌라이 칸의 사위였지요. 마르코 폴로는 고향 베네치아로 돌아간 후 전쟁에 휘말려 원치 않는 포로생활을 해야만 했습니다. 그때 무료함을 달래기 위해 동료 죄수들에게 풀어놓은 허풍 가득한 여행 이야기가 나중에 『동방견문록』이라는 책으로 출간되었지요. 이 책은 유럽 여러 국가에서 큰 인기를 끌었는데, 특히 15세기에는 장거리 탐험을 꿈꾸던 사람들의 호기심을 크게 자극했습니다. 어쩌다 만들어진 한 권의 책이 대항해시대라는 역사적 변화를 이끌었다는 사실이 참으로 놀랍지 않나요?

그림6-1 마르코 폴로 가족이 1275년에 쿠빌라이 칸을 만나는 모습, 15세기 프랑스 작품

●

중세 서양식 복장의 두 어른과 한 청년이 예를 갖추고서 왕좌에 앉아 있는 군주에게 문서를 전달하고 있습니다. 왕좌는 화려한 직물로 덮여 있고, 그 옆에 시중을 드는 인물이 서 있네요. 벽면 장식은 세밀하고 바닥 무늬는 선명합니다. **그림 속의 인물들은 누구이며 배경을 이루는 장소는 어디일까요? 그리고 이 그림에서 역사적 사실과 맞지 않는 부분은 무엇일까요?**

왕좌에 앉아 있는 인물은 얼핏 서양인처럼 보이지만 실은 중국 원나라의 세조이자 칭기즈 칸의 손자인 쿠빌라이 칸*을 묘사한 것입니다. 그가 1275년 베이징 부근의 상두上都라는 도시에 위치한 여름궁전에 머물 때였습니다. 이탈리아 베네치아 출신의 상인 가족이 그를 알현하러 왔습니다. 니콜로 폴로와 마페오 폴로 형제, 그리고 이들 손에 이끌려온 니콜로의 젊은 아들 마르코 폴로였지요. 쿠빌라이 칸의 모습이 서양인처럼 묘사된 이유는 어렵지 않게 이해할 수 있습니다. 15세기에 이 그림을 그린 프랑스 화가가 몽골 황제에 대해 별로 지식이 없었을 테니까요.

TIP

쿠빌라이 칸
Khubilai Khan,
1215~94
몽골제국의 제5대 칸이자 원나라를 세운 인물. 칭기즈 칸의 손자로, 몽골제국의 교역망을 확대했으며 문화와 종교의 다양성을 확대했다.

그림 속 역사적 오류

더 중요한 '역사적 오류'는 따로 있습니다. 그것은 바로 배경에 그려진 두 척의 서양식 선박입니다. 상두는 바다에서 멀리 떨어진 내륙에

그림6-2 쿠빌라이 칸이 머무는 곳을 유목민 텐트로 묘사한 장면, 『동방견문록』 삽화, 1410~12년

위치했으므로 궁전에서 배가 보였을 리 없었지요. 이것도 화가의 무지 탓일까요? 마르코 폴로 일행이 지중해를 건넌 후 고비사막을 넘어 육로로 상두에 이르렀다는 점에 비추어 보자면 그림은 분명 역사적 사실과 맞지 않습니다. 그러나 당시 그림은 오늘날의 스냅사진과 달리 다른 시간대의 장면을 집약해 하나의 작품으로 보여주는 경우가 많았어요. 마르코 폴로 일행이 멀리 유럽에서 지중해를 건너왔다는 이야기를 화가가 그림에 의도적으로 담으려 했던 것은 아닐까요? 그러고 보니 멀리 언덕 위의 건물도 유럽의 성채와 비슷해 보이네요.

이러한 오류는 그림6-2에서도 눈에 띕니다. 당시 칭기즈 칸의 후예들은 유목생활을 하지 않은 지 오래되었는데도 이 그림의 삽화가는 유목식 텐트가 있는 가상의 풍경을 배경으로 삼았습니다. 여기에는 아

그림6-3 마르코 폴로의 아버지와 삼촌이 1266년에 쿠빌라이 칸을 만나는 장면, 15세기

시아 문화에 대해 유럽인들이 가졌던 고정관념이 작용했을 것입니다.

그림6-3은 마르코 폴로의 중국 방문을 묘사한 대표적인 그림으로 꼽힙니다. 여러 역사책에서 이 그림은 마르코 폴로와 동행자가 쿠빌라이 칸을 알현하는 모습을 묘사한다고 설명되어 있어요. 하지만 이는 잘못된 설명입니다. 등장인물은 마르코 폴로의 아버지와 삼촌입니다.

마르코 폴로의 아버지와 삼촌이 처음으로 쿠빌라이 칸을 만난 것은 1266년인데, 이때 마르코 폴로는 열두 살짜리 아이였고, 베네치아에서 살고 있었지요. 마르코 폴로가 열다섯 살이 되던 1269년에야 아버지와 삼촌이 고향에 돌아왔고, 그로부터 2년 후인 1271년에 세 사람은 다시 몽골제국으로 장거리 여행을 시작했습니다. 그림6-1이 묘사하는 장면은 이로부터 4년 뒤인 1275년에야 일어났지요.

세 여행자는 중국에서 20년이 넘는 시간을 보낸 후 1292년에 고향인 베네치아로 돌아왔습니다. 무려 2만4000킬로미터에 이르는 이들의 여정은 우리에게 『동방견문록』이라는 이름으로 알려진 책에 실리게 되지요.

동서양의 만남

그림6-3에서 쿠빌라이 칸이 신하를 통해 상인 일행에게 하사하고 있는 금색 물건이 눈에 띕니다. 이것은 '패자牌子'라고 불리는 것으로 일종의 '특별 여권'이었습니다. 이걸 지닌 사람은 국경 내의 모든 지역

그림6-4 도미니크회 수사들과 헤어지는 폴로 일행, 15세기 프랑스 작품

을 무사히 통과할 수 있을 뿐만 아니라, 필요한 물품이나 용역을 지역 주민들에게 요구할 수 있었지요. 쿠빌라이 칸이 패자를 유럽에서 온 상인에게 주었다는 사실은 황제가 이들에게 무척이나 호의적이었음을 보여줍니다.

1271년 마르코 폴로를 데리고 그의 아버지와 삼촌이 중국으로 향할 때, 이제 막 교황이 된 그레고리우스 10세는 이들을 접견해 칸에게 보내는 선물과 문서를 전달했습니다. 서유럽의 종교지도자는 동아시아 통치자의 존재를 알고 있었고, 서로 좋은 관계를 맺고 싶었던 것이지요. 그러고 나서 교황은 도미니크회 수사 둘에게 이들과 동행하도록 명했습니다. 그러나 전쟁으로 치안이 불안한 지역에 이르자 수사들은 겁을 먹고 여정을 포기하고 맙니다. 그림6-4가 이 장면을 묘사하고 있네요.

수사들이 폴로 일행에게 선물과 문서를 넘겨주는 광경입니다. 역사에서 종교적 동기가 세계화를 이끈 동력으로 작용한 사례가 많지만, 이 경우에는 상업적 동기가 그보다 더 강력했다고 볼 수 있겠습니다.

허풍쟁이 이야기꾼의 모험담 『동방견문록』

마르코 폴로를 유명하게 만든 『동방견문록』은 어떤 과정을 통해 쓰였을까요? 13세기는 지중해 무역을 둘러싸고 이탈리아의 도시국가들이 치열하게 다투던 시기였습니다. 특히 베네치아, 제노바, 피사는 해상권을 장악하기 위해 군사적으로 자주 충돌했어요. 마르코 폴로는 베네치아로 돌아온 이듬해에 갤리선*을 이끌고 제노바의 함대와 전투를 벌이다가 포로로 붙잡히는 신세가 되었습니다. 그는 제노바에서 1년 가까이 옥살이를 했는데, 지루한 시간을 때우기 위해 동료 죄수들을

TIP

갤리선
중세 유럽에서 사용하던 군용 선박. 많은 수의 노를 장착해 기동력이 뛰어났다.

모아놓고 자신의 아시아 여행담을 들려주곤 했습니다. 흥미진진한 이야기는 곧 사람들의 귀를 사로잡았지요.

중국의 낯선 문화와 제도, 그리고 이탈리아 도시들과는 비교가 되지 않는 규모의 도시들에 대한 이야기인 데다가 그가 워낙 허풍과 과장에 능했기 때문이기도 했습니다. 이를 테면, 중국에는 수백만 명의 인구가 세금을 내는 도시가 많이 있고, 기마병과 선박의 수도 수백만이나 된다는 식이었죠. 마르코 폴로에게는 곧 '백만이Il Milione'라는 별명이 붙었습니다. 이런 허풍과 과장은 이야기의 신빙성을 떨어뜨리기도 했지만, 그 대신에 듣는 이에게 재미를 더해주는 효과가 더 컸지요.

마르코 폴로는 곧 탁월한 이야기꾼으로 유명해졌어요. 피사 출신으로 함께 수감 중이던 죄수 루스티켈로는 그의 모험담을 받아 적어서 출간하면 큰 인기를 모을 수 있으리라고 확신했습니다. 실제로 이런 과정을 통해 『동방견문록』이 탄생하게 됩니다.

루스티켈로가 처음에 프랑스어로 출간한 『동방견문록』은 곧바로 세간의 주목을 받기 시작했어요. 그에 따라 다양한 언어로 책이 번역되었고 수많은 각색이 이루어졌지요. 책 제목도 『세계의 이야기』 『경이의 책』 『대칸의 로망스』, 심지어 『백만이』까지 다양했습니다.

유럽에서 인쇄술이 전파되기 이전에 제작된 필사본만 해도 엄청나서, 오늘날까지 남아 있는 것만 해도 무려 150종에 이를 정도입니다. 인쇄술이 보급된 이후 출판이 더욱 크게 늘었다는 점은 두말할 나위가 없겠지요. 마르코 폴로의 여행기는 당대 최고의 베스트셀러였습니다.

마르코 폴로의 여행기에는 상두와 베이징은 물론이고 그가 거쳐 간 수많은 지역들, 예를 들어 산시陝西, 쓰촨四川, 윈난雲南, 허베이河北, 산둥山東 등이 등장합니다. 유럽에서 중국으로 오가면서 거쳐 간 중앙아

그림6-5 몽골의 역참제도를 묘사한 그림, 15세기

시아와 서아시아, 동남아시아의 여러 지역들에 대해서도 기록되어 있
지요.

　이 여행기는 각 지역의 독특한 외양, 다양한 생활 방식과 기이한 풍
습을 풍부하게 수록하고 있습니다. 마르코 폴로가 인상적으로 기록한
중국의 제도 가운데 하나가 역참제도(그림6-5)였습니다. 그의 서술에
따르면, 수도에서 지방으로 이어진 도로를 따라 약 40킬로미터마다
역참이 설치되어 있어서 칸의 전령이 말을 갈아타게 했다고 합니다.
제국 전체로 보면 역참이 1만 곳 이상이고 준비된 말이 20만 필을 넘
었다고 했지요. '불타는 돌', 즉 석탄이 연료로 사용되었다거나 지폐가

통용되었다는 사실도 책에 등장합니다.

『동방견문록』에 대한 역사적 평가는 다양합니다. 논의의 시작은 애당초 마르코 폴로와 루스티켈로 중 어느 누구도 이 책을 중국에 대한 정확한 기록으로서 기획하지 않았다는 점에 있었지요. 책에 묘사된 내용 중에는 역사적 사실과 부합하지 않는 내용이 많으며, 글쓴이 특유의 과장이 곳곳에서 등장합니다. 그래서 어떤 역사가들은 마르코 폴로가 실제로 중국에 가지 않고 이슬람 상인 등에게 전해들은 여러 이야기를 짜깁기했을 것이라고 추측하기도 했습니다. 하지만 실제로 가보지 않고서는 상상하여 맞추기 어려운 내용이 자세하게 포함되어 있다는 점을 생각하면 그가 중국을 방문한 것은 분명하다는 반론이 더 설득력이 있어 보입니다.

잠재적 탐험가들의 필독서

『동방견문록』이 얼마나 사실에 부합하는가라는 문제와 별도로 주목해야 할 점이 있습니다. 그것은 이 책이 수많은 독자들에게 호기심과 모험심을 불러일으켰다는 점입니다. 중국이라는 낯선 땅, 유럽의 작은 나라들과는 비교가 되지 않는 인구와 자원과 기술과 문화를 보유한 곳으로 묘사된 미지의 세상에 대해 잠재적 탐험가들은 상상의 나래를 한껏 펴면서 미래를 꿈꾸었지요. 그곳으로 통하는 길을 찾아 교류와 교역으로 연결하면 엄청난 부를 얻을 수 있으리라는 욕망이 이들의 마음을 부풀게 했습니다.

그림6-6은 1480년대에 발간된 라틴어판 『동방견문록』입니다. 이 책의 여백에는 책을 읽은 이가 남겨 놓은 메모가 빼곡하게 적혀 있습

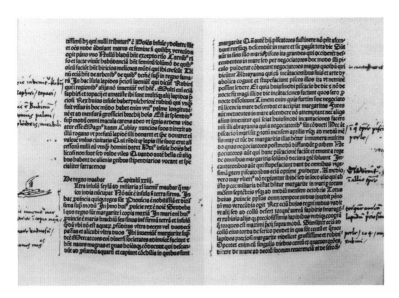

그림6-6 콜럼버스가 읽고 여백에 메모를 기록한 라틴어판 『동방견문록』, 1480년대

니다. 책을 꼼꼼히 읽고 많은 생각을 했음을 알 수 있지요. 메모를 남긴 독자는 누구일까요? 바로 크리스토퍼 콜럼버스Christopher Columbus 였습니다. 훗날 스페인 국왕을 설득해 탐험대를 구성하고 아시아로 가는 새 항로를 개척하기 위해 남들과 달리 서쪽으로 방향을 잡았던 모험가, 그리고 탐험의 결과로 '구세계'와 '신세계'를 하나의 경제권으로 묶는 세계사적 변화를 일으킨 탐험가입니다. 콜럼버스는 2세기 전에 허풍쟁이 '백만이'가 쓴 과장 가득한 여행기를 읽으며 세상을 바꿀 꿈을 키웠던 것이지요.

07

콜럼버스의
교환

세계적 차원의
유전자 결합이 발생하다

15~16세기는 탐험가들이 경쟁적으로 장거리 항해를 떠난 대항해 시대였습니다. 대표적으로 포르투갈의 다 가마가 아프리카 남단을 돌아 아시아로 가는 길을 개척하였고, 스페인의 후원을 받은 콜럼버스는 반대 방향으로 항해를 떠나 아메리카 대륙에 발을 디뎠지요. 우리나라의 조선 전기에 해당하는 시기였습니다. 과거에는 구세계 (아시아-유럽-아프리카)와 신세계(남·북아메리카)가 각각 독립된 채로 존재했지만, 서구 탐험가들의 대항해로 두 세계가 서로 엮이게 되었습니다. 많은 사람들, 즉 백인인 스페인 정복자와 흑인인 아프리카 노예가 낯선 대륙으로 이동했습니다. 또한 수많은 동물과 식물이 구세계에서 신세계로, 또는 신세계에서 구세계로 옮겨갔지요. 이들 사람과 동물을 따라 미생물과 바이러스도 대륙을 건너 이동했습니다. 대항해시대는 간단히 말해 지구의 생태계를 송두리째 바꾼 거대한 변화의 시기였습니다. 조선 후기에 우리 선조들이 고추, 담배, 호박, 감자, 옥수수, 토마토 등을 맛볼 수 있게 된 것도 대항해시대가 만들어낸 변화였지요.

그림7-1 야코포 바사노, 「노아의 방주에 들어가는 동물들」, 1570년대

수많은 동물들이 암수 짝을 맞추고서 목재로 지어진 구조물에 줄을 지어 올라타고 있습니다. 가운데에 있는 노인이 작업을 이끌고 다른 이들이 그를 돕고 있네요. 구약성서 창세기에 등장하는 노아의 방주를 소재로 한 그림입니다. **그림에 등장하는 동물들 가운데 가장 어울리지 않는 동물은 무엇일까요? 참고로 이 그림은 1570년대에 제작되었습니다. 만일 이보다 100년 전에 노아의 방주를 그렸다면 등장하지 않았을 동물은 무엇일까요?**

야코포 바사노Jacopo Bassano는 르네상스시대에 활동한 이탈리아 화가입니다. 틴토레토, 라파엘로, 뒤러 등 여러 화가들로부터 영향을 받아 종교적 그림을 다수 그렸지요. 그림7-1은 야코포 바사노가 노아의 방주를 주제로 그린 작품입니다. 노아의 방주는 악행을 일삼는 인간을 벌하기 위해 신이 대홍수를 기획하고서 신앙심 깊은 노아에게 건축을 명한 구조물입니다. 노아는 여덟 명의 가족과 함께 여러 동물들을 암수로 짝을 지어 방주에 싣고 40일 동안 이어진 대홍수를 견뎌냈습니다.

노아의 방주는 구약성서에 담긴 이야기로 유명하지만, 훨씬 이전에도 대홍수를 소재로 한 이야기는 많았습니다. 특히 고대 메소포타미아에서는 『길가메시 서사시』*를 포함한 여러 점토판 문헌에서 대홍수에 관한 전설을 확인할 수 있습니다. 대홍수 이야기의 기원이 무엇이든 간에 대부분의 이야기는 서아시아 지역을 배경으로 하고 있지요.

TIP
『길가메시 서사시』
고대 문명의 발상지인 메소포타미아의 길가메시를 주인공으로 한 문학작품이다. 고대 도시 우르크에서 실재했던 왕인 길가메시에 관한 여러 다양한 신화와 전설을 종합해 단일한 서사시로 엮은 작품이다.

시대를 착각한 동물

이 그림에는 수많은 동물들이 등장합니다. 소, 말, 양, 개, 토끼, 사슴, 사자 등 대부분 우리에게 익숙한 동물들입니다. 이들은 통상 우리가 '구세계'라고 부르는 지역, 즉 아시아, 유럽, 아프리카 대륙에서 오랫동안 생명을 이어온 동물들입니다. 그런데 예외인 동물이 하나 그림에 있습니다. 오른쪽 아래에 등장하는 칠면조가 바로 그것이지요.

칠면조는 '신세계'에 속하는 멕시코 지역이 원산지로, 16세기에 스페인 정복자들에 의해 유럽에 소개된 것으로 알려져 있습니다. 따라서 대항해시대 이전에는 구세계 사람들이 이 새를 접할 기회가 없었지요. 노아의 방주를 서아시아 지역의 이야기로 본다면 칠면조를 그림에 포함시키는 것은 부자연스럽습니다.

인류의 역사에 한 획을 그은 대항해시대는 1492년 콜럼버스의 항해로 막을 열었습니다. 콜럼버스가 역사적 항해 끝에 서인도제도 바하마의 과나하니Guanahani라는 섬에 상륙하는 모습을 담은 15세기 작품(그림7-2)을 보지요. 이 판화작품은 산타마리아호를 바다에 띄워놓은 채 작은 보트에 올라타서 상륙하는 콜럼버스와 선원의 모습을 투박하게 묘사하고 있습니다.

원주민 여인들이 탐험자들을 환영하거나 또는 부끄러워하는 모습으로 표현된 것은 작가가 탐험을 낭만적인 모험으로 그리고자 했기 때문일 거예요. 콜럼버스와 이후에 들어온 스페인 정복자들이 인디오들을 실제로 어떻게 대했는지는 이 그림에서 전혀 드러나지 않습니다.

그림7-2 「과나하니섬에 상륙하는 콜럼버스」, 15세기 판화작품

구세계와 신세계의 접촉

콜럼버스의 항해를 기점으로 시작된 구세계와 신세계의 접촉은 인류의 역사에 얼마나 중대한 변화를 가져왔을까요? 과거 구세계와 신세계는 따로 떨어져 각자 나름의 세상을 만들어왔습니다. 동식물은 각각의 범위 내에서 이동해왔고, 사람들 역시 각각의 영역 안에서 교역과 교류를 해왔지요. 그런데 두 세계가 갑작스럽게 접촉함으로써 이 모든 것이 근본적으로 바뀌었습니다.

구세계와 신세계의 접촉은 무엇보다도 동식물의 대대적 이동을 일으켰습니다. 토마토, 담배, 감자, 고구마, 호박, 고추, 옥수수, 땅콩, 파인애플 등의 식물이 신세계에서 구세계로 전파되었지요. 반대 방향으로는 밀, 보리, 쌀, 귀리, 바나나, 감귤, 사탕수수, 양파, 커피, 포도 등이 전해졌습니다.

동물도 마찬가지여서 소, 말, 돼지, 양, 당나귀, 고양이 등이 구세계에서 신세계로 전파됐고, 칠면조는 반대 방향으로 옮겨갔지요. 이들 대부분은 사람들이 경제적 이익을 얻을 목적으로 이동시키고 정착시킨 동식물들이었습니다. 시간이 흐르면서 이들은 성장과 번식, 재배에 적합한 기후와 토질, 수요처를 찾아 지구 곳곳으로 퍼져갔습니다. 동식물의 세계화는 이렇게 이루어진 것이지요.

식탁의 변화

18세기에 제작된 다음 그림7-3을 볼까요. 페루 사람들의 경제 활동을 묘사한 이 그림의 윗부분에는 농부가 소를 이용해 밭을 가는 모습

그림7-3 아메리카의 생활상을 묘사한 그림, 18세기 페루

이 그려져 있습니다. 소는 대항해시대 이래 아메리카에 정착한 유럽인들에 의해 대륙 곳곳으로 급속하게 널리 퍼진 가축이었습니다.

한편 아랫부분에는 요리를 하는 여성이 보이는데, 재료는 아메리카가 원산지인 '카사바'라는 뿌리작물입니다. 대항해시대 이후 카사바는 아프리카와 동남아시아로 전파되었고, 특히 아프리카에서는 가장 중요한 식량원이 되었습니다. 카사바 뿌리에서 추출한 녹말을 침전시킨 후 말리면 타피오카가 만들어지는데 이는 값싸고 질 좋은 탄수화물의 공급원이 됐지요. 오늘날 타피오카는 버블티의 재료로도 사용되고 있습니다.

동식물의 세계화는 식량 증산과 같은 양적 변화뿐만 아니라 식단의 다양화라는 질적 변화도 가져왔어요. 예를 들어 아메리카에서 건너온 고추는 인도에서 전통 음식인 카레의 풍미를 강화시켰고, 이것이 17세기가 되면 유럽의 요리책에 등장하기에 이릅니다. 우리의 밥상에도 고춧가루를 넣어 만든 붉은색의 김치가 오르게 되지요.

중국으로 유입된 토마토는 케첩으로 개발되어 동남아시아 화교들을 통해 인도로, 그리고 다시 영국으로 전해졌습니다. 또한 유럽인의 식탁에는 아시아에서 재배된 차, 아프리카산 커피, 아메리카산 코코아가 경쟁적으로 놓이게 됐지요. 바야흐로 음식과 기호품의 선택폭이 세계적으로 확대된 시대를 맞이하게 된 것입니다.

바이러스와 세균의 이동 ———

대항해가 이동시킨 것은 동식물만이 아니었습니다. 바이러스와 세균도 대양을 건너 세계적으로 퍼졌지요. 천연두, 홍역, 발진티푸스와

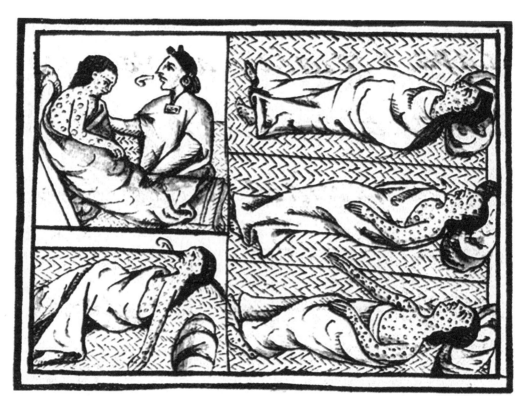

그림7-4 천연두 희생자를 묘사한 그림, 『피렌체 코덱스』 12권, 16세기

같은 구세계의 질병이 신세계로 전파되어 엄청난 수의 희생자를 냈습니다. 반대 방향으로 옮겨간 질병으로는 매독이 손꼽힙니다.

구세계에서 신세계로 전파된 질병들은 가축으로부터 사람에게 전이된 것이라는 공통점을 지녔습니다. 가축을 길들여 키운 역사가 실질적으로 없었던 신세계 사람들은 이런 질병들에 대해 면역력을 가질 기회가 없었던 것이지요. 수많은 아메리카 원주민을 죽음으로 몰아넣은 대재앙의 생물학적 원인이 바로 여기에 있었습니다. 이와 함께 유럽인 정복자들이 원주민을 강제로 가혹하게 일시키고 전통적인 공동체적 생활 터전을 가차 없이 파괴한 점이 대재앙의 사회적 원인으로 작용했지요.

그림7-4는 천연두를 앓고 있는 아즈텍* 원주민의 모습을 보여줍니다. 이 작품은 원주민의 손으로 그려진 그림이라는 점이 특별히 흥미를 끕니다.

스페인의 프란체스코회 수사였던 베르나르디노 데 사아군Bernardino de Sahagun은 1545년부터 멕시코 지역의 전통 신앙과 문화, 풍습을 조사했습니다. 그는 원주민들이 사용하는 나우아틀어로 질문지를 작성해 부족장들에게 읽어주고 관련 자료를 가져오게 했어요. 민속지학*의 선구자라고 할 수 있는 그의 집요한 노력 덕분에 방대한 자료가 수집되었고, 이후 책으로 출간되었지요. 무려 2000장이 넘는 그림 자료를 포함한 이 문헌은 이탈리아 피렌체에 위치한 메디치아라우렌치아나 도서관에 소장된 서책이라고 해서 『피렌체 코덱스Florentine Codex』라고도 불립니다.

이 기록에 따르면 천연두에 걸린 사람은 몸을 가누지 못할 정도로 고통스러워했고, 대부분이 금방 목숨을 잃었으며, 건강한 이들도 간병을 주저할 정도로 겁에 질렸다고 해요. 이 삽화는 비록 단순한 화법으로 그려졌지만 당시 아즈텍 원주민들이 겪었던 고통과 두려움이 고스란히 느껴지는 듯하지요.

아즈텍
14세기부터 16세기 중반까지 멕시코 중부 고원지역을 지배했던 부족. 이들의 발달한 인디오 문명은 스페인 정복자의 침략에 의해 무너졌다.

민속지학民俗誌學
다양한 인간집단의 사회조직과 생활양식의 특성을 면밀한 현지조사와 분석을 통해 밝혀내는 학문. 인류학의 세부 분야이다.

신대륙 발견 이후 인구 변화

그렇다면 구세계와 신세계의 접촉은 지구 전체의 인구를 감소시키

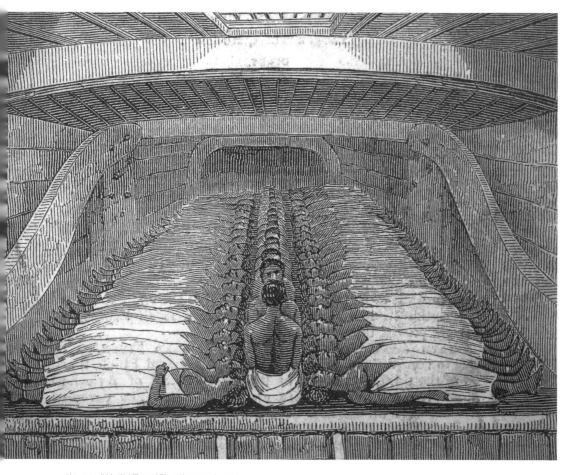

그림7-5 노예선 내부를 묘사한 그림, 1843년 프랑스

는 결과를 낳았을까요? 단기적으로 보면 인구가 감소한 것이 분명합니다. 콜럼버스가 아메리카에 상륙한 후 100년 동안 아메리카 원주민의 80퍼센트가량이 목숨을 잃었다고 역사가들은 추정하고 있습니다.

아메리카 경제의 중심지였던 멕시코 중부 지역은 1530년대에 인구가 1600만 명을 넘었지만 불과 70년 후에는 16분의 1 수준인 100만 명으로 줄어들었습니다. 전쟁, 착취, 그리고 무엇보다도 낯선 질병이 가져온 재앙적 결과였지요.

그러나 지구 전체로 보면 밀, 쌀, 보리와 같은 곡물이 전파되어 생산량이 늘어나고, 다른 작물을 재배하기 힘든 지역에는 감자, 고구마, 옥수수가 널리 퍼지면서 장기적으로는 인구 증가효과를 가져옵니다. 그 결과 1500년에 4억6000만 명이었던 세계 인구는 1600년에 5억8000만 명, 1700년에 6억8000만 명, 그리고 1800년에는 9억5000만 명으로 증가하게 되었지요. 실로 엄청난 속도의 인구 폭발이었습니다.

늘어난 인구가 모두 태어난 곳 가까이에서 일생을 살아간 것은 아니었습니다. 수많은 구세계 사람들이 새 삶을 찾아 신세계로 이주했어요. 자발적으로 이민을 결정한 사람도 많았지만, 그렇지 못한 처지의 사람들도 많았지요. 특히 대항해시대가 시작된 후 대서양을 가로지르는 노예무역이 크게 늘었습니다. 아프리카인이 노예의 처지가 되어 사하라사막 남쪽 지역으로부터 세계 각지로 팔려나간 역사는 매우 길었습니다. 1500~1800년에 이곳에서 이슬람 무역망을 통해 아프리카 북부와 아시아로 끌려간 노예가 200만 명에 육박했습니다. 그러나 같은 기간에 이곳에서 유럽인들에 의해 대서양을 건너 아메리카로 팔려간 노예는 무려 770만 명이 넘었습니다. 19세기에 제작된 그림7-5는 노예들이 빈틈없이 촘촘히 묶인 채 밀고 험난한 항해를 하는 모습을 묘사하고 있습니다. 이는 대항해시대 개막 이래 변함없이 목격되어온 모습이었을 겁니다.

학자들은 콜럼버스가 시작한 구세계와 신세계의 상호작용을 '콜럼버스의 교환Columbian Exchange'이라고 말합니다. 이 콜럼버스의 교환은 동물과 식물, 미생물과 바이러스, 그리고 자유민과 예속민의 전 지구적인 이동을 불러왔습니다. 콜럼버스의 교환이라는 역사적 대사건의 본질을 한마디로 요약하자면 '유전자의 교환'이라고 할 수 있습니다. 이 과정은 다른 세계를 강압적으로 제압하고 경제적 이익을 뽑아내려는 인간의 욕망에 의해 진행되었지요.

08
종교박해와
경제쇠퇴

신교도의 해외 탈출,
프랑스의 쇠락을 초래하다

1517년 가톨릭교회(구교)가 면벌부를 판매하는 등 부패와 타락을 보이자, 루터와 같은 신학자들이 통렬한 반성을 촉구하는 문서를 발표했습니다. 이를 계기로 유럽 전역에서 종교개혁의 불길이 타올랐지요. 새로 등장한 신교는 교인들이 성서를 직접 읽고 신의 뜻을 찾으라고 설교했습니다. 때마침 구텐베르크가 활판인쇄술을 개발한 덕분에 이들은 성서를 값싸게 구입해 신앙생활을 원하는 방식으로 영위할 수 있었지요. 신교와 구교의 갈등은 서로에 대한 탄압에 그치지 않고 전쟁으로 비화해 수많은 희생자를 양산했습니다. 우리나라가 임진왜란과 병자호란이라는 다른 종류의 전쟁을 겪고 있던 시절이었지요. 유럽에서는 종교적 박해를 피해 외국으로 이민을 떠난 이들도 많았는데, 이들의 이민은 어떤 결과를 낳았을까요?

그림8-1 요하네스 페르메이르, 「가톨릭 신앙의 알레고리」, 1670~72년

한 여성이 손을 가슴에 얹고 지구본에 발을 올려놓은 채 공중에 걸린 유리 구체球體를 올려다보고 있습니다. 그녀 뒤로는 십자가에 못박힌 예수의 그림이 걸려 있고, 탁자 위에는 십자가와 종교서, 포도주를 담는 성배 등 가톨릭 성물들이 놓여 있습니다. 바닥에는 나뒹구는 사과와 기둥 주춧돌에 눌려 피를 흘리는 뱀이 보이네요. 왼편으로는 대형 태피스트리°가 한쪽으로 걷힌 채 걸려 있고요. 이 그림의 시대적 배경은 무엇일까요?

태피스트리
다채로운 색깔로 염색한 실로 그림을 짜넣어 표현하는 직물 공예품. 주로 벽에 걸어 건물 내부를 장식하는 데 사용한다.

이 그림은 네덜란드 미술의 황금 시대를 대표하는 거장 요하네스 페르메이르Johannes Vermeer가 그린 「가톨릭 신앙의 알레고리」라는 작품입니다. 주인공인 여성은 실존하는 인물이 아니라 가톨릭 신앙을 의인화한 것입니다. 저명한 화가의 작품이니만큼 여러 미술사학자들이 이 그림에 등장하는 다양한 상징들을 해설했습니다. 사과는 원죄를 상징하고, 주춧돌에 짓눌린 뱀은 예수에게 제압된 악마를 상징한다고 말이죠. 주인공의 옷은 순수함(흰색)과 천상(파란색)을 의미하는 색깔이며, 가슴에 손을 얹은 주인공의 동작은 독실한 믿음을 뜻합니다. 신앙은 '지구를 발아래 두는' 것이며, 투명한 구체, 즉 무한한 신을 온전히 받아들이는 상태를 지향하는 것이라는 의미입니다.

이런 여러 상징보다 더 우리의 관심을 끄는 것은 왼편의 태피스트리입니다. 평상시에 주인공의 가톨릭 신앙을 남들이 알아채지 못하도록 태피스트리로 가린다는 뜻이지 않을까요. 주인공이 앉아 있는 곳

TIP

프로테스탄티즘
16세기 루터, 캘빈 등 종교
개혁가들이 세속화되어 가
는 가톨릭교회에 저항하여
만든 개신교 사상.

면벌부免罰符
가톨릭 신자에게 고해성사
이후에도 남아 있는 벌을 가
톨릭교회가 사면해 주었음을
증명하는 문서. 중세 말 면벌
부의 남발에 대해 종교개혁
가들이 비판을 가하였다.

종교개혁 Reformation
16~17세기 가톨릭교회의
세속화와 타락을 바로잡고
자 등장한 개혁운동. 처음에
는 종교적 이슈로 시작했지
만 나중에는 확산되어 유럽
의 사회적·정치적·경제적
지형도를 크게 바꾸었다.

은 가정집에 비밀스럽게 마련된 기도실인 듯합니다. 그림이 제작된 시
점에 네덜란드는 신교(프로테스탄티즘)*를 공식 종교로 채택하고 있었
습니다. 페르메이르는 혼인을 앞두고 신교에서 구교(가톨릭)로 개종을
했다고 합니다. 그렇다면 이 그림은 화가 자신의 상황을 표현한 것으
로 볼 수도 있겠지요.

부패한 교회를 개혁하려는 움직임

「가톨릭 신앙의 알레고리」는 사람들이 자신의 종교를 떳떳하게 드
러내놓지 못하는 시대였음을 보여주고 있습니다. 이런 시대상은 언제
시작되었을까요?

1517년 독일의 비텐베르크 대학교 부속 교회당 정문에 종교개혁가
이자 신학자인 마르틴 루터Martin Luther가 가톨릭교회의 면벌부* 판매
를 비판하는 「95개 논제」라는 문서를 게시했습니다. 교회의 권위에 정
면 도전한 루터에 대해 교회는 주장을 거둬들이라는 교서를 내렸지요.
루터가 이를 거부하고 교회와 교리 논쟁을 계속하자 교황은 루터를
교회에서 추방했습니다.

그러나 루터의 교회개혁 사상은 전 유럽으로 확대되었습니다. 때마
침 구텐베르크가 개발한 금속제 활판인쇄술이 폭발적인 인기를 끌고
있었지요. 독일에만 1500년 무렵 200곳이 넘는 인쇄소가 책자를 찍어
내고 있었고, 다른 국가들로도 인쇄기술이 빠르게 전파되었습니다. 루
터와 개혁가들의 주장은 인쇄물이라는 새로운 매체를 통해 유럽 전역
으로 확산되어, 종교개혁*이라는 역사적 대사건에 불을 댕겼습니다.
인쇄술 보급은 오늘날의 인터넷혁명에 버금가는 정보혁명이었지요.

구교 vs. 신교, 그림 공격!

종교개혁을 상징하는 이미지로 당시에 가장 폭넓게 알려진 것이 「촛불이 켜지다」(그림8-2)와 같은 도상입니다. 1650년경에 제작된 이 그림은 10년쯤 전에 토머스 제너Thomas Jenner가 제작한 동판화를 다시 그린 작품이지요. 테이블을 가운데 두고 위쪽으로는 검은 옷차림을 한 신교를 이끈 종교지도자들이 앉아 있고 아래쪽으로는 구교를 상징하는 인물들이 자리하고 있습니다.

그림8-2 작자 미상, 「촛불이 켜지다」, 1650년경

그림8-3 에두아르트 쇤, 「루터, 악마의 백파이프」, 1535년경

신교 편에는 가운데 책을 펼친 루터와 칼뱅이 보이고, 주위로 위클리프, 후스, 츠빙글리 등이 있습니다. 구교 편에는 왼쪽부터 추기경, 예수회 신부, 악마, 교황, 수도사가 있지요. 화면의 중앙인 테이블 한가운데에 양초가 환하게 켜 있습니다. 신교의 지도자들이 불을 붙인 개혁의 촛불입니다. 구교 편의 인물들은 모두 입으로 바람을 불고 있군요. 촛불을 끄기 위해서인데, 역부족인 듯 촛불에 흔들림이 없습니다. 신교 입장을 반영한 그림임을 알 수 있는 것이지요.

반대편에서 그린 작품은 어떤 모습일까요? 「루터, 악마의 백파이프」(그림8-3)는 구교 진영에서 루터를 어떻게 인식했는가를 보여줍니다. 화가 에두아르트 쇤Eduard Schoen은 루터를 털투성이 악마가 연주하는 백파이프로 묘사했네요. 루터의 사상이 악마에 의해 조종받는 것이라는 내용입니다.

이렇듯 신교 진영과 구교 진영은 서로를 공격하는 그림을 많이 제작했습니다. 서로에 대한 양측의 비난과 조롱이 반복되었고 또 확대되었지요. 거대한 종교적 선전 대결이라고 할 만했습니다. 그 속에서 갈등의 골은 깊어져만 갔지요.

유럽에 휘몰아친 종교적 충돌　　　　　　　　　　　　　——

16~17세기를 거치면서 유럽 곳곳에서 본격적인 종교적 충돌이 발생합니다. 신앙적 차이를 서로 받아들이지 못하고, 이것이 탄압을 낳고 결국 대규모 내란과 전쟁으로 이어지는 악순환이 만들어졌지요. 이 과정에서 종교개혁 운동은 교회의 울타리를 벗어나 세속적 이해관계와 뒤얽히게 되었습니다.

예를 들어 영국의 헨리 8세가 구교와 관계를 단절하고 새로 성공회라는 신교를 세운 이유는 단지 교황이 자신의 이혼을 반대했기 때문만이 아니었습니다. 이 단절로 전국에 산재한 구교 교회와 수도원의 엄청난 재산을 몰수하여 자신의 권력기반을 강화할 목적이었지요. 독일에서도 신성로마제국으로부터 독립적 정치세력으로 인정받고자 한 제후들이 신교를 적극 후원했습니다.

30년전쟁*으로 절정까지 치달은 유럽의 종교전쟁은 베스트팔렌조약*으로 마무리되었습니다. 이 조약에 따라 국가 간의 국제적 지위에 대한 기준이 마련되었고, 종교적 관용 원칙에 따라 구교와 신교인 루터파, 칼뱅파는 모두 독립적 지위를 획득하게 되었지요. 지리적으로 보면 신교 국가들이 북유럽과 서유럽에, 그리고 구교 국가들이 남유럽과 동유럽에 포진했습니다.

종교개혁이 남긴 경제적 영향

종교개혁은 신앙만의 문제가 아니었습니다. 종교개혁이 남긴 경제적 영향은 강력했을 뿐만 아니라 장기적이었습니다. 특히 신교도와 구교도가 각자의 종교 성향에 맞는 지역으로 대규모로 이주함으로써 유럽의 경제적 지형에 큰 변화가 발생했습니다. 가장 대표적인 것이 프랑스의 신교도인 위그노*의 사례입니다.

15세기부터 프랑스의 역사는 구교와 신교의 갈등으로 짙은 얼룩이 지기 시작했습니다. 가장 극적인 사건은 1572년 발생한 이른바 '성 바르톨로메오 축일의 대학살'이었습니다. 신교 신랑과 구교 신부의 결혼식에 맞춰 구교가 일으킨 신교도 학살사건이었습니다. 이 사건으로 프

TIP

30년전쟁
독일을 주 무대로 1618~48년의 30년간 펼쳐진 전쟁. 유럽의 종교적 갈등이 가장 고조된 상황에서 발생한 전쟁이었다.

베스트팔렌조약
1648년 30년전쟁을 끝마치기 위해 체결된 평화조약. 신성로마제국을 사실상 무너뜨리고 주권을 지닌 개별 국가들의 공동체로서 근대 유럽이 만들어지는 계기가 되었다.

위그노Huguenot
프랑스에 거주하며 신교 중 하나인 칼뱅파에 속한 사람들. 16세기부터 구교에게 박해를 받았고 그중 많은 이들이 외국으로 이주했다.

그림8-4 프랑수아 뒤부아, 「성 바르톨로메오 축일의 대학살」, 1572~84년

랑스 전역에서 5000명에서 3만 명이 목숨을 잃게 됩니다. 그림 「성 바르톨로메오 축일의 대학살」(그림8-4)은 위그노 출신인 화가 프랑수아 뒤부아François Dubois가 그린 광란의 학살 장면입니다. 참으로 잔혹한 광경이 아닐 수 없습니다.

한껏 높아진 종교 갈등의 수위는 1598년 낭트칙령*이 선포된 덕택에 가라앉을 수 있었습니다. 위그노에게도 신앙의 자유를 실질적으로 허용한다고 선포한 것이지요. 이로써 프랑스 사회는 구교와 신교가 공존할 수 있는 기회를 맞는 듯했습니다.

그러나 프랑스는 이 천금 같은 기회를 살리지 못했어요. 1685년 루

낭트칙령

1598년 프랑스의 앙리 4세가 공포한 칙령으로 신교도인 위그노에게 신앙의 자유를 실질적으로 보장하는 내용을 담았다.

그림8-5 고드프루아 엥겔만, 위그노를 위협하는 용기병, 1686년

이 14세가 낭트칙령을 무효화하면서 위그노가 다시 탄압에 직면하게 된 것입니다. 그림8-5는 위그노를 소총으로 위협하여 구교로 개종할 것을 강요하는 구교 병사의 모습을 묘사한 것입니다. 고드프루아 엥겔 만Godefroy Engelmann이 낭트칙령이 무효화된 직후를 배경으로 그린 작품이지요. 구교 병사들은 '드래곤'이라는 소총을 소지하고 있었던 탓에 '용기병'이라고 불렀습니다. 용기병들은 위그노 집에 제멋대로 머물면서 온갖 악행을 저질렀고 심지어 살인도 서슴지 않았어요. 위그 노에게 개종은 죽느냐 사느냐의 문제가 되었습니다.

위그노의 해외 이동 ——

무자비한 박해를 견디다 못한 위그노는 해외로 탈출을 감행합니다. 1685~89년에 무려 20~30만 명의 위그노가 영국, 네덜란드, 프로이센 (독일), 스위스 등으로 떠났지요. 루이 14세 아래에서 오래 재정총감으 로 일하면서 프랑스의 경제를 책임졌던 장바티스트 콜베르는 위그노 탄압이 국가 경제에 악영향을 줄 거라고 경고한 바 있었습니다. 그의 경고는 적중했지요.

역사에 등장하는 대다수의 대규모 이주는 빈곤, 기근, 실업과 같은 경제적 원인이 배경이 되었습니다. 그 경우 이주민은 교육과 기술 수 준이 낮은 계층이 대부분이었지요. 그러나 위그노의 경우 교육 수준이 높고 직업적으로도 상공업자와 기술자가 많았기 때문에, 이들의 해외 이주는 프랑스에서의 심각한 '두뇌 유출'을 의미했습니다. 실제로 비 단 제조, 보석 가공, 시계 제조, 가구 제작에 정통한 위그노 장인들이 외국에서 새롭게 산업 발달의 기틀을 마련해갔습니다.

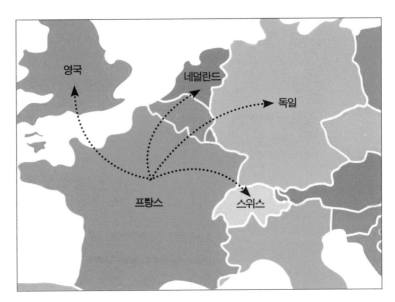

그림8-6 위그노 이동

　프랑스는 이미 네덜란드와 영국에 비해 국제무역에서 뒤쳐져 있었는데, 이제 숙련기술과 전문지식을 가진 인력을 경쟁국들에 빼앗겼으니 국가가 입은 타격은 두말할 나위가 없었지요. 산업 경쟁력이 낮아지면서 프랑스의 국가 재정은 더욱 궁핍해져갔습니다. 훗날 프랑스대혁명으로 이어지게 되는 고난의 길이 이렇게 만들어지고 있었던 것이지요.

　종교개혁이 경제에 끼친 영향은 더 있습니다. 신교를 받아들인 지역이 구교를 고수한 지역보다 경제가 더 발전하게 되었는데요. 그 이유를 교육에서 찾는 역사가들이 많습니다. 구교와 달리 신교에서는 성경을 직접 읽어 신의 뜻을 파악하라고 강조했는데, 이것이 신교도들의 문자 해독률을 높이는 효과를 가져왔다는 설명입니다. 지식과 기술을 더 잘 갖출 수 있는 기반이 마련되었다는 얘기지요. 종교와 경제의 관계는 오늘날에도 계속해서 수많은 연구와 논쟁의 대상이 되고 있습니다.

09

기호음료의
세계화

커피, 차, 코코아가
경제 성장을 이끌다

대항해시대가 개막한 이래 지구상의 사람들이 향유하는 식생활에 혁명적인 변화가 일어났습니다. 구세계 사람들, 특히 유럽의 상류층은 16~17세기를 거치면서 세계 각지에서 수입된 새로운 기호음료를 맛볼 수 있게 되었어요. 아시아에서 재배되는 차, 아프리카가 원산지로 중동을 거쳐 유럽에 소개된 커피, 아메리카가 원산지로 스페인 정복자에 의해 유럽으로 전파된 코코아 등이 이런 기호음료였습니다. 18세기부터는 수입이 크게 늘면서 가격이 낮아져 서민들도 이 기호음료를 소비할 수 있게 되었습니다. 오늘날 우리의 혀끝을 자극하는 수많은 기호음료의 원조는 구세계와 신세계의 교류가 만들어낸 상품이었던 셈입니다.

그림9-1 필리프 실베스트르 뒤푸르, 『커피, 차, 초콜릿의 새롭고 신기한 이야기』의 삽화, 1685년

세 사람이 한 자리에 모여 음료를 마시고 있습니다. 이들은 제각기 독특한 옷차림을 하고 있네요. 자세히 보면 음료를 담은 용기의 모양이 다르고 잔의 형태도 서로 다릅니다. 이들은 어느 문화권을 상징하는 것일까요? 그리고 이들이 마시고 있는 음료는 각각 무엇일까요?

17세기 후반 프랑스에서 출간된 책『커피, 차, 초콜릿의 새롭고 신기한 이야기』를 펼치면 이 그림이 나옵니다. 책의 지은이는 무역업자인 필리프 실베스트르 뒤푸르Philippe Sylvestre Dufour라는 인물입니다. 그는 유럽이 해외로부터 수입하는 상품들 가운데 특히 기호음료에 관심이 많았다고 합니다. 지적 호기심이 컸던 뒤푸르는 해외 경험이 풍부한 네덜란드 외교관과 예수회 신부들이 기호음료에 관해 쓴 글들을 꼼꼼히 찾아 읽었지요. 그리고 마침내 당시 유럽에서 높은 인기를 구가하던 세 가지 수입 품목에 대한 내용을 모아 책을 출간했습니다.

기호음료의 역사

그림을 자세히 볼까요. 왼쪽 인물은 머리에 터번을 두르고 온몸을 긴 옷으로 가린 모습입니다. 그가 손에 들고 있는 음료는 커피예요. 가운데 인물은 중국 청나라 사람입니다. 그는 차를 마시고 있습니다. 오른쪽 인물은 깃털로 만든 옷으로 신체의 일부를 가리고 있고 깃털 머리장식도 하고 있습니다. 그는 아메리카 원주민으로, 코코아를 마시고 있지요.

뒤푸르의 책은 다양한 지역에서 수입한 기호음료들을 소개하면서 각 음료가 지닌 고유한 맛과 향기, 그리고 제조 방법과 건강상의 효능을 상세히 설명하고 있습니다.

이 세 가지 기호음료는 각기 독특한 역사를 품고 있습니다. 먼저 커피를 살펴보죠. 커피는 아프리카의 에티오피아 지역에서 자생하던 식물의 열매가 기원입니다. 음료로서 커피에 대한 수요가 본격적으로 생겨나기 시작한 것은 중세에 이르러서였습니다. 이슬람 문화권으로 소개된 커피는 15세기에 예멘을 중심으로 널리 퍼져갔지요.

특히 이슬람 수도사들은 신에게 기도를 드리고 밤샘 수행을 할 때 커피의 각성효과가 유용하다는 사실에 주목했어요. 커피는 곧 예멘을 벗어나 메카와 메디나로 전파됐고, 다시 카이로, 바그다드, 콘스탄티노플로 확산됐습니다.

16세기에는 이슬람권 전역에서 커피가 이슬람교도의 신앙생활을 돕는 역할을 수행했어요. 게다가 이슬람교에서는 종교적으로 술을 마시는 행위가 금지되어 있어서 커피는 사람들이 어울릴 때 자주 함께 하는 음료가 되었지요.

유럽 최초의 커피하우스

16세기 말에는 유럽으로 커피가 소개되었습니다. 이 과정에 대해

한 가지 흥미로운 이야기가 전해집니다. 1683년 오스트리아와 유럽의 연합군은 강력한 오스만제국 군대의 침략에 힘겹게 맞서야 했어요. 이른바 '빈의 포위'°라고 불리는 사태였지요. 포위 상태가 계속되어 유럽군이 불리한 입장에 놓이자 그 내부에서 항복이 불가피하다는 의견이 나돌았어요.

그러자 폴란드 장교 예지 프란치셰크 쿨치츠키가 오스만 복장으로 위장하고 적의 포위망을 뚫을 결심을 했고, 바깥의 동맹 세력과 접촉하는 데 성공했습니다. 곧 지원군이 반격해줄 것이라는 반가운 소식을 받아들고 쿨치츠키는 오스만의 포위망을 넘어 유럽군 진영으로 무사히 돌아왔지요. 이 정보에 따라 유럽군은 방어를 계속했고 지원군의 반격이 곧 뒤따른 덕분에 오스만 군대를 협공해 승전고를 울릴 수 있었습니다. 쿨치츠키는 전쟁 영웅이라는 칭송과 더불어 여러 가지 포상을 받았는데, 그 가운데 하나가 퇴각한 오스만 군대가 남기고 간 다량의 이슬람 커피콩이었습니다. 이를 이용해 그는 1686년 빈에 유럽 최초의 커피하우스 '푸른 병 아래의 집'을 열게 되었다는 게 이야기의 결말입니다.

전쟁에서 공훈을 세우고 그 결과로 커피하우스를 열었다는 쿨치츠키의 이야기는 마치 한 편의 드라마 같지 않나요? 그런데 놀랍게도 그 이야기는 실제로 드라마였습니다. 1783년 오스트리아의 가톨릭 신부 고트프리트 울리히가 쿨치츠키 이야기를 그럴싸하게 지어냈던 것이지요. 이야기가 너무 그럴싸하다보니 아직도 많은 사람들이 이 이야기를 사실로 오해하고 있을 정도지요. 사실 빈 최초의 커피하우스는 쿨치츠키보다 1년 앞서 문을 열었습니다.

한편 서유럽에는 영국과 네덜란드 동인도회사°들의 국제 무역망을

TIP

빈의 포위
오스만제국이 두 차례에 걸쳐 기독교 세계를 압박하기 위해 빈을 포위하고 공격한 사건. 1529년에 1차 포위, 1683년에 2차 포위가 있었다. 오스트리아의 승리로 끝났다.

동인도회사
유럽 국가들이 동인도(인도와 동남아시아)와 장거리 무역을 수행하기 위해 세운 기업. 각국의 동인도회사들은 후추, 직물, 향신료 등 동양의 특산품 무역을 둘러싸고 치열한 경쟁을 벌였다.

그림9-2 윌리엄 홀랜드, 「로이즈커피하우스, 런던」, 1789년

통해 커피가 전해졌습니다. 17세기 말 영국에만 3000개가 넘는 커피
하우스가 문을 열어 손님들을 유혹할 정도로 커피의 인기가 대단했지
요. 이후 커피는 중산층의 음료로 자리를 잡았어요. 금융업자들은 하
루 일과가 끝나면 커피하우스에 모여 새로운 정보를 교환하고 새 사
업을 구상했지요. 세계적 보험회사인 로이즈Lloyd's도 런던 시내의 로
이즈커피하우스에서 시작됐다고 해요(그림9-2).

　선박의 출항 스케줄과 세계적 교역품의 가격에 대한 자료를 신문 형태로 발간하면서 이곳은 점차 진정한 금융기관의 역할을 하게 되었고, 마침내 1770년대에 보험회사로 정식 출범하게 된 것이지요.

커피하우스는 비즈니스의 공간만이 아니었습니다. 지식인들이 논쟁을 벌이고 사상을 공유하는 장소이기도 했죠. 당시 유행했던 계몽주의*라는 새로운 사조는 커피 향기와 더불어 유럽 전역으로, 그리고 대서양 너머 아메리카로 퍼져나갔습니다.

TIP
계몽주의
16~18세기 서양을 풍미한 사조로 정치·사회·철학 등에 광범위한 영향을 끼쳤다. 이성에 기초한 탐구를 통해 세상의 진리에 도달하고 인간생활의 진보를 이룰 수 있다고 믿었으며, 구시대적 권위보다 개인의 자유를 지향하였다.

차의 이동

차의 역사는 커피보다 훨씬 깁니다. 차는 중국 남서부 지역이 원산지인데 이미 한나라 사람들이 즐겨 마셨다는 증거가 있어요. 수나라와 당나라 시대에는 우리나라와 일본에도 전파될 만큼 차의 인기가 폭넓었지요.

당의 선비 육우陸羽가 쓴 『다경茶經』은 차의 재배법, 가공법, 품질 평가, 다구茶具, 마시는 방법 등에 대한 지식이 얼마나 상세했는가를 잘 보여줍니다. 이후 여러 왕조를 거치면서 차의 생산지가 확대됐고 가공법도 다채롭게 개발되었습니다.

차가 유럽에 전해진 것은 장거리 무역 덕분이었습니다. 우선 아시아 항로를 개척하고 마카오에 무역기지를 건설한 포르투갈 상인들이 차의 존재를 널리 알렸습니다. 이어서 네덜란드의 동인도회사가 최초로 중국 녹차를 수입해 암스테르담 시장에 풀었지요. 이를 계기로 많은 유럽인들이 차의 은은한 맛과 향기에 빠지게 되었어요.

18세기 화가 요제프 판 아컨Joseph van Aken이 그린 그림9-3이 보여주듯 그리 풍족하지 않은 사람들도 차를 즐길 수 있었습니다. 특히

그림9-3 요제프 판 아컨, 「차 파티」, 1719~21년

영국에서는 동인도회사가 수입한 막대한 물량의 차가 대중의 입맛을 사로잡았지요. 18세기 중반에는 수입 가격이 내려가면서 차가 영국인들 사이에 '국민음료'로 자리를 잡았습니다.

코코아와 콜럼버스

코코아는 중앙아메리카가 원산지인 음료입니다. 약 3000년 전부터 멕시코에서 재배했고, 여기서 나오는 카카오콩을 가공해 초콜릿과 코코아 음료를 얻었어요. 14세기에 미스텍족이 제작한 그림문자(그림 9-4)를 보면 왕좌에 앉은 군왕(오른쪽)이 신에게 코코아 음료를 바치는 모습이 표현되어 있습니다.

그림9-4 코코아를 바치는 장면, 『코덱스 주시―너틀』, 14세기

오늘날에는 주로 단단한 고체 형태의 초콜릿을 만들어 먹지만, 초콜릿이 개발된 19세기 초 이전에 전 세계 사람들은 늘 따뜻한 음료 형태로 카카오콩을 소비했습니다. 중앙아메리카 사람들도 코코아를 즐겼는데 특히 거품이 가득한 형태를 최상급으로 여겼다고 해요. 다음 그림9-5에서처럼 코코아를 담은 잔을 높이 들고서 바닥에 놓인 잔에 따르기를 반복함으로써 거품이 풍부한 코코아를 얻을 수 있었습니다.

코코아를 처음 접한 유럽인은 다름 아닌 탐험가 콜럼버스였습니다. 1502년 그와 선원들이 온두라스 해안에 상륙했을 때 아즈텍 부족장이 가져온 선물 중에 카카오콩이 있었지요. 그들은 코코아 음료를 만들어 콜럼버스에게 건넸지만 콜럼버스는 이 '쓰디쓴 물'에 아무런 감흥을 느끼지 못했다고 합니다.

이 일화가 말해주는 것은 무엇일까요? 코코아가 아즈텍제국에서 높은 가치를 지니고 있었다는 점입니다. 국가적 의례와 종교적 예식에서 코코아는 빠져서는 안 되는 핵심 물품이었던 것이지요. 권력자와 엘리트층의 권력과 권위를 상징하는 음료였기 때문입니다. 아즈텍 황제 몬테수마는 거대한 창고를 두고서 자신이 정복한 사람들에게 카카오콩을 조공으로 바치도록 강요했습니다.

또한 아즈텍인들은 카카오콩을 화폐로 사용하기도 했어요. 콜럼버스는 이런 가치를 전혀 알아채지 못했지만요. 그러나 그로부터 17년 후 아즈텍제국의 수도 테노치티틀란을 점령한 스페인 출신의 정복자 에르난 코르테스Hernan Cortes는 달랐습니다. 이 눈치 빠른 정복자는 코코아를 스페인으로 가져갔고, 코코아는 곧 값비싼 음료로서 유럽인들의 입맛을 사로잡았지요. 커피와 차가 북유럽 신교도 중산층의 음료였다면 코코아는 남유럽 구교도 귀족층의 음료로 자리잡았습니다.

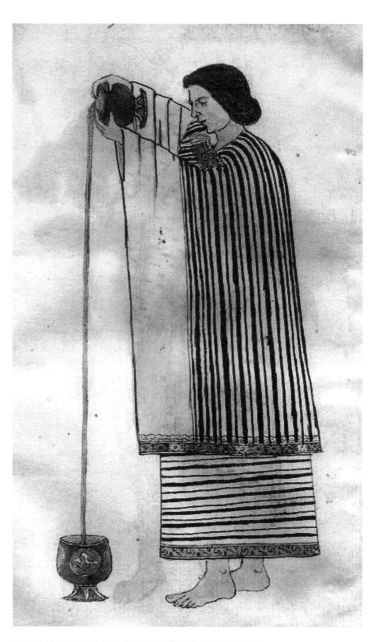

그림9-5 코코아 음료를 만드는 아즈텍 여인, 『코덱스 투델라』, 16세기

소비 욕구와 산업혁명

이제 다시 그림9-1로 돌아가볼까요. 17~18세기에 경제적으로 넉넉한 유럽인들은 세계적 음료 중에서 무엇을 마실지 선택할 수 있었습니다. 아랍 세계에서 건너온 아프리카 원산의 커피를 마실까? 중국에서 수입한 차를 마실까? 아니면 중앙아메리카 인디오들이 아꼈던 코코아를 마실까? 유럽인들의 선택지는 다양해졌지요. 뒤푸르의 책은 이런 선택의 자유를 획득한 돈 많은 유럽인들에게 글로벌한 신제품을 소개하고 소비를 부추길 목적으로 기획된 간행물이었던 것입니다.

물론 이런 선택의 자유가 가난한 노동자에게까지 주어진 것은 아니었습니다. 노동자들은 이들 중 하나도 사서 마실 수 없는 형편이었지요. 하지만 그들에게 기회가 완전히 막힌 것은 아니었습니다. 다행히 기호음료의 수입이 증가함에 따라 가격이 점차 낮아져갔으니까요.

그렇다면 노동자는 이런 음료를 사기 위해 어떻게 했을까요? 한 가지 방법은 노동시간을 늘리는 것이었습니다. 적게 일하고 적게 버는 것보다 많이 일하고 많이 버는 게 낫다고 생각하는 사람들이 늘어난 것이지요.

또다른 방법은 필요한 물자를 스스로 생산하여 충당하는 자급자족적 생산을 그만두고 시장에 판매할 수 있는 물품 위주로 생산하는 것이었습니다. 그래야 돈을 벌어 소비를 할 수 있으니까요. 이런 변화들은 실제로 유럽의 산업화 과정에서 중요한 역할을 했습니다.

예를 들어 18세기에 영국이 세계 최초로 산업혁명*에 들어서게 된 데에는 기술의 진보나 자본 공급의 증가와 같은 이유도 있었지만 소비 욕구가 늘어난 것도 중요하게 작용했다는 이야기가 되겠지요. 역사

TIP

산업혁명
18세기 중반에 영국에서 시작된 기술혁신과 생산방식의 변화, 그리고 사회경제적 구조 변화를 말한다. 공업 중심의 근대적 사회가 등장하는 역사적 계기가 되었다.

학자들은 '산업혁명Industrial Revolution'과 대비해 '근면혁명Industrious Revolution'이라는 용어를 만들어 물건을 사려는 사람들의 욕구가 경제 발전에 끼친 영향을 강조했습니다. 세계화된 커피, 차, 코코아에 대한 소비 욕망은 바로 '근면혁명'이라는 역사적 변화를 이끈 핵심 원동력 이었던 셈이지요.

10

시민혁명과
자본주의

절대왕정을 축출하고
시장경제의 기틀을 마련하다

근대 초기 유럽은 절대주의 군주가 국가를 통치하는 체제였습니다.
신이 무제한적 통치권을 자신에게 부여했다고 주장하면서 마음대
로 국가와 국민을 다루던 시대였지요. 그런데 17세기부터 이런 체
제에 금이 가기 시작했어요. 그간 상업 활동으로 부를 축적한 시민
계급(부르주아지)이 절대군주에게 반기를 든 것입니다. 이때부터 각
국에서 순차적으로 시민계급이 군주에게서 정치권력을 빼앗아 새
로운 주인이 되는 시민혁명이 발생했습니다. 영국은 1640년대에,
그리고 프랑스는 1780년에 각각 시민혁명이 시작되었지요. 미국은
1770년대 독립전쟁과 1860년대 남북전쟁을 통해 시민혁명을 이
루었습니다. 이제 시민계급은 법률과 제도를 자신들에게 유리하게
만들 수 있게 되었어요. 개인의 자유가 확보되고 재산권이 보장되었
으므로, 누구나 안심하고 원하는 경제활동에 뛰어들 수 있게 되었
습니다. 자본주의의 발전에 중요한 밑거름이 된 것이지요.

그림10-1 카르스티안 라웍크스, 「바니타스 정물 속의 영국 찰스 1세와 프랑스 헨리에타의 알레고리」, 1670년

테이블 위에 화려한 색상의 직물이 깔려 있고, 그 위에 다양한 사물들이 놓여 있습니다. 선명한 색깔의 산호와 고둥, 월계관을 쓴 해골, 방금 불이 꺼진 양초, 지도책 위에 놓인 지구본, 그리고 조각상 위에서 피어나는 거품 방울이 보이네요. 인생의 무상함을 강조하는 이런 소품들은 이 그림이 17세기에 유행한 바니타스 정물화임을 말해줍니다. 우리의 시선이 집중되는 곳은 중앙에 놓인 책입니다. **책에 그려진 인물은 누구일까요? 이들은 세계사에서 어떤 역할을 담당했을까요?**

플랑드르 출신의 화가 카르스티안 라윅크스Carstian Luyckx가 제작한 이 그림은 바니타스 정물화*의 전형적 요소들을 갖추고 있습니다. 해골, 양초, 지구본, 고둥, 방울…… 세속의 삶이 아무리 화려하더라도 결국엔 짧고 덧없을 뿐이라는 교훈을 담은 그림입니다. 이 그림을 당시에 제작된 다른 바니타스 정물들과 구분 짓는 소품은 두 인물의 초상화를 담은 책입니다.

초상화의 주인공은 영국의 군주 찰스 1세와 프랑스 출신의 왕비 헨리에타 마리아입니다. 찰스 1세는 1640년대 정치권력을 누가 행사해야 하는가를 둘러싸고 영국이 내전에 빠져든 시절에 의회 군대에게 패배함으로써 처형을 당한 비운의 왕입니다. 왕비 헨리에타는 남편이 죽자 고국 프랑스로 돌아가 쓸쓸히 여생을 보냈지요. 왕과 왕비라는 최고 자리에 올랐지만 영화로운 시절은 순식간에 지나가고 곧 고통과 오욕의 시간이 찾아왔습니다. 그리고 왕은 끝내 명예롭지 못한 죽음을 맞게 되었지요. 세상사가 모두 헛되다는 메시지를 담는 바니타스 정물

TIP

바니타스 정물화

17세기 네덜란드와 플랑드르 지방에서 인기를 끈 정물화의 한 장르. 바니타스는 라틴어로 '허무함'을 뜻한다. 바니타스 정물화는 세상사가 부질없다는 주제를 담은 그림이다.

화에 딱 어울리는 인물들이었습니다.

영국혁명의 배경

TIP

절대주의
군주의 권위와 권력은 신이
부여한 신성한 것이므로 모
두가 복종해야 한다는 사상.
근대 초기 유럽에서 일반적
이었으나 시민혁명을 거치면
서 약화되었다.

시민혁명
시민계급이 봉건적 질서와
절대주의 왕정을 거부하고
자유와 평등을 기치로 삼는
변혁을 꾀한 움직임을 일컫
는다.

찰스 1세의 생애는 영국 역사에서 중대한 전환점을 이룹니다. 절대주의˚의 이상을 품은 그는 권위 있는 국왕이 되고 싶었습니다. 그러나 그가 즉위한 1620년대는 종교적 갈등이 격화되고 전쟁 위협이 고조되던 혼란의 시기였지요. 찰스 1세가 자의적으로 통치권을 강화하겠다고 선언하자 의회는 자신들의 승인 없이는 함부로 그럴 수 없다고 맞섭니다. 이후 국왕과 의회는 11년 동안 소통 단절의 냉전 시기를 보냈고, 마침내 국왕이 전쟁에 필요한 경비를 마련하기 위해 의회를 열자 양측의 갈등이 폭발하고 말았어요.

결국 국왕편인 왕당파Cavaliers와 반대편인 의회파Roundheads가 무력항쟁에 돌입했는데, 여기서 왕당파가 패배함으로써 찰스 1세는 대역죄라는 죄명을 안고 형장의 이슬로 사라지게 됩니다. 이렇듯 정치권력이 절대주의 군주로부터 의회로 넘어간 사건을 역사적으로 '시민혁명'˚이라고 부릅니다. 의회는 경제적 번영을 바탕으로 새롭게 성장하는 집단인 시민계급이 주도하였습니다.

국왕의 처형은 충격적인 사건이었습니다. 존 위소프John Weesop가 1649년 찰스 1세가 처형되던 때 현장을 그린 그림10-2를 보지요. 형장에 놓인 나무 등치 위에서 도끼로 참수되는 장면을 군중이 지켜보고 있습니다. 왼편 위쪽으로는 찰스 1세가 재판을 받을 때의 옷차림으로 그려 있고, 그 아래쪽에는 처형대를 향해 걸어가는 왕의 모습이 보입니다. 오른편 위쪽에는 도끼를 든 처형자의 손에 찰스 1세의 잘린

그림10-2 존 위소프, 「목격자가 본 영국왕 찰스 1세의 처형」, 1649년

머리가 들려 있고, 그 아래쪽에는 군중이 앞다투어 손수건에 왕의 피를 묻히는 모습이 묘사되어 있네요. 그림 중앙 아래에는 충격에 정신을 잃고 쓰러지는 여성이 보입니다. 화가는 아마도 처형당하는 왕을 종교적 순교자의 모습처럼 묘사하고 싶었던 것 같군요.

의회파의 승리는 단순히 정치권력이 국왕에서 의회로 넘어간 것만을 의미하는 게 아니었습니다. 왕당파가 지니고 있던 절대주의적 질서, 즉 신이 부여한 신성한 권력에 기초해 국왕이 마음대로 통치할 수 있다는 사상이 몰락하게 되었음을 의미했습니다. 귀족들이 왕권을 뒷받침하는 전통적 신분제도가 흔들리게 되었다는 뜻이기도 했지요. 왕실과 귀족이 누리던 경제적 지배권도 사라졌습니다. 이를 대신해 자유로운 신분, 그리고 누구나 경제활동을 할 수 있는 자유가 등장했습니다. 국가와 국왕 중심으로 통치되던 나라가 시민계급과 시장 중심으로 돌아가게 된 것이지요. 이처럼 시민혁명은 군주가 아니라 시민계급이 정치적·경제적 주도권을 쥐게 된 역사적인 대사건이었습니다.

명예혁명으로 완성된 시민혁명

한편 내전이 끝나면 공화국이 될 것 같았던 영국은 흥미롭게도 다시 왕국으로 돌아갔습니다. 1660년 해외 망명 중이던 찰스 2세가 귀국해 왕위에 올랐지요. 뒤를 이은 제임스 2세가 독단적 정책을 펴자, 1688년 그를 쫓아내고 대신에 네덜란드의 총독 오라녜 공 빌럼 3세와 메리 2세를 영국 왕으로 추대하는 무혈의 '명예혁명'이 발생했습니다.

영국인이 선택한 장기 균형은 입헌군주제*, 즉 왕이 존재하되 왕권은 제약적으로만 행사하는 정치체제였던 것입니다. 새 균형점에서 시민계급은 국왕 및 그를 뒷받침하는 귀족층과 권력을 나누어 가졌습니다.

이처럼 영국의 시민혁명은 철두철미하지 못하고 타협적으로 전개되었습니다. 그럼에도 불구하고 장기적으로 보면 시민혁명이 가져온 효과는 분명했습니다. 법에 의한 통치라는 원칙이 뿌리를 내리고 개인의 재산권이 철저히 보호받게 되었습니다. 바로 이것들이야말로 시민혁명이 이뤄낸 '혁명적' 변화였지요.

그럼 다른 나라에서는 시민혁명이 어떤 방식으로 전개되었을까요? 바다 건너 프랑스에서는 영국보다 훨씬 극적인 형태로 시민혁명이 일어났습니다. 1789년 재정난에 처한 국왕 루이 16세가 중세제도인 삼부회*를 소집해 투표에 붙이겠다고 나선 행동이 발단이 됐습니다.

구체제 아래에서 제1신분인 성직자와 제2신분인 귀족은 대부분의 세금을 면제받는 등의 특권을 누리고 있었습니다. 삼부회가 소집될 무렵 이들 신분은 약 50만 명으로 전 국민의 2퍼센트 남짓했지요. 나머지 98퍼센트가 제3신분인 평민이었는데, 그중 부르주아지, 즉 상인과 같이 부를 축적한 집단이 약 100만 명이었고 나머지는 노동자와 농노였습니다. 부르주아지의 일부는 축적한 부를 바탕으로 점차 귀족과 동질화되어가고 있었습니다. 그러나 귀족은 부르주아지와 계속 차별화되기를 원했지요. 이런 상황에서 루이 16세가 중세 기준 그대로 삼부회를 구성하려 하자 이에 부르주아지가 반발하면서 혁명이 시작되었습니다.

혁명 당시에 발간된 인쇄물(그림10-3)을 볼까요. 부르주아지가 귀족과 성직자에게서 벗어나 독자적으로 무장을 하려는 움직임을 보이자 다른 두 신분이 화들짝 놀라고 있습니다. 배경에는 프랑스혁명의 상징인 바스티유 감옥이 그려져 있네요. 시민들이 감옥을 공격한 사건이 혁명의 도화선이 되었지요. 혁명 과정에서 정치 국면은 수차례 요동쳤고, 소부르주아와 소농민 계층이 시민군에 합류하면서 싸움은 시민세력에게 유리하게 흘렀습니다. 마침내 1793년 루이 16세와 왕비 마리 앙투아네트는 단두대에서 생을 마감했지요.

> **TIP**
> **삼부회**
> 프랑스에서 14세기 초에 처음 구성된 신분제 자문기관. 성직자, 귀족, 평민의 세 신분 대표로 구성되며 각 신분은 구성인구와 상관없이 동일한 투표권을 행사했다. 17세기 초에 소집된 이후 열리지 않다가 1789년에 다시 소집되었다.

그림10-3 작자 미상, 「제3신분의 각성」, 1789년

TIP

인권선언

1789년 공포된 선언문으로
자유, 평등, 저항권 등 인간으
로서 누려야 할 권리를 담았
다. 프랑스 헌법을 비롯해 많
은 국가의 헌법 및 정치에 중
대한 영향을 끼쳤다.

유혈혁명을 통해 프랑스는 시민계급이 주도하는 사회가 되었습니
다. 1789년 봉건제도가 폐지되어 영주의 특권과 농노의 예속성과 같
은 신분제가 사라졌어요. 같은 해 선포된 「인권선언」*은 모든 인간이
신분과 상관없이 누려야 할 기본권을 천명했습니다. 이어서 1804년
나폴레옹 보나파르트는 자유와 평등의 민주정신에 입각한 근대 법전
을 제정하고 개인의 소유권을 확립하면서 자본주의적 질서의 핵심 원
칙을 정립했습니다. 이런 시민혁명 과정을 거쳐 과거 절대주의적 신분

제 사회는 결국 시민의 정치적 권리와 경제적 자유를 늘리는 방향으로 전환되어갔습니다.

미국의 시민혁명

　미국의 경우에는 시민혁명의 과정이 독특합니다. 영국의 식민지 13개주에서 시작한 미국에게는 극복해야 할 권력이 국내가 아니라 대서양 건너편에 있었기 때문입니다. 따라서 미국의 시민혁명은 곧 영국으로부터의 독립을 의미했습니다. 영국이 식민지 지배와 국제적 전쟁에 필요한 비용을 미국에 부과하려는 시도가 저항을 부추겼습니다. 미국은 식민지 주들이 하나되어 영국과 경쟁 관계인 프랑스와 스페인의 지원을 받아 독립전쟁을 힘겹게 승리로 마무리했습니다. 그리하여 미국은 식민지 경제구조를 극복하고 독자적 발전을 도모할 밑거름을 마련했지요. 그리고 1776년 발표된 「독립선언문」*은 시민적 권리를 확인하는 역사적 문서가 됩니다.

　미국의 역사적 분기점을 묘사한 대표적 그림으로 독일 출신인 에마누엘 로이체Emanuel Leutze가 그린 「델라웨어강을 건너는 워싱턴」(그림10-4)이 있습니다. 그림은 1776년 12월 26일 새벽에 얼음이 둥둥 떠다니는 거칠고 위험한 강을 건너 적에게 기습 공격을 가하는 미국 혁명군의 모습을 장엄하게 묘사하고 있습니다.

　뱃머리에 늠름한 자세로 서 있는 이가 워싱턴 장군이고 그 뒤에 미국기를 안고 있는 이는 훗날 대통령이 되는 제임스 먼로James Monroe입니다. 자세히 보면 미국기는 오늘날의 성조기와 모양이 다릅니다. 13개 주를 상징하는 13개의 별이 원형으로 나열된 형태지요. 그런데

TIP

독립선언문
미국의 토머스 제퍼슨의 초안을 작성해 1776년에 공표한 문서. 미국 독립이 절대주의에 반한다는 점을 강조하고 인간의 기본권에 대해 명시하였다.

그림10-4 에마누엘 로이체, 「델라웨어강을 건너는 워싱턴」, 1851년

역사적으로 보면 이 형태의 국기는 1777년에 처음 사용되었다고 해요. 그림의 배경이 1776년이라면 별이 있는 자리에 영국기의 모양이 있는 이른바 '그랜드유니언기Grand Union Flag'가 들어가는 게 맞습니다.

그랜드유니언기

하지만 이런 오류는 이 그림이 전해주는 압도적 이미지에 비하면 사소하게 느껴질 뿐입니다. 특히 독립전쟁에 미국인 모두가 뜻을 모으고 있다고 강조하는 인물 구성이 시선을 끄네요. 직업적으로는 군인과 사냥꾼과 농민을 포괄하고, 인종으로는 백인만이 아니라 흑인과 인디언까지 포함하고 있습니다. 비역사적이긴 하지만 강력한 메시지를 전달하는 역사화입니다.

영국으로부터의 독립이 미국의 시민혁명을 의미하기는 했지만, 완전한 시민혁명이라고 부르기에는 부족한 면이 있었습니다. 서유럽에서와 달리 미국에서는 신분제를 쉽게 철폐할 수 없었기 때문이지요. 기본권은 아직 백인에게만 적용될 뿐, 아프리카에서 끌려온 흑인 노예들은 여전히 신분제의 굴레에 얽매여 있었습니다. 미국 남부의 경제는 노예를 대규모로 고용하는 농업이 중심이었습니다. 상공업이 성장하고 있는 북부에서는 노예가 별로 중요하지 않았지만 남부 지주들로서는 노예 없는 경제를 상상할 수 없었지요. 이런 이해관계 탓에 노예제의 철폐는 엄청난 사회적 갈등 없이는 이뤄질 수 없었습니다. 이 미완의 과업은 남북전쟁(1861~65)이라는 대규모 내전을 통해서야 완수될 수 있었습니다.

1863년 링컨 대통령이 「노예해방선언」을 발표하고, 흑인에게 연방

그림10-5 병사 모집 포스터, 「와서 합류하라, 형제들이여」, 컬러 리소그래피, 1863년경

군(북군)에 참가할 것을 독려했습니다. 그림10-5는 흑인의 신병 등록을 촉구할 목적으로 제작된 북군의 포스터입니다. 전쟁이 끝날 때까지 총 18만5000명의 흑인이 166개의 부대에 소속되어 싸웠습니다. 「노예해방선언」은 남군의 기세를 꺾으려는 전략적 의도가 담겨 있었지만, 넓게 보자면 신분제의 폐지를 통해 시민혁명을 마무리한다는 역사적 의의를 지녔다고 볼 수 있습니다. 이렇듯 미국에서는 시민혁명이 두 개의 역사적 사건을 통해 전개됐습니다. 오늘날 역사가들은 독립전쟁을 제1차 시민혁명으로, 그리고 남북전쟁을 제2차 시민혁명으로 부르기도 합니다.

이처럼 영국, 프랑스, 미국은 나름의 방식으로 시민혁명을 경험했습니다. 발생 시기와 배경에는 차이가 있었지만 이 국가들은 공통적으로 중요한 성과를 이뤄냈지요. 개인은 더이상 신분에 구애받지 않고 정치적 권리를 행사할 수 있게 되었습니다. 경제적 측면에서 보면 개인은 자신의 재산을 안전하게 보장받으며, 자유롭게 원하는 경제활동에 나서게 되었습니다. 새로 권력을 쥔 시민계급은 법치주의*라는 제도적 무기로 무장하고서 경제제도와 정책을 자신의 이익에 부합하는 방향으로 만들어갔습니다. 시민혁명은 이로써 자본주의적 경제발전이 속도를 올릴 수 있는 기반을 탄탄하게 마련하게 되었지요. 참으로 혁명적인 변화였습니다.

> **TIP**
> **법치주의**
> 법률에 규정된 범위와 방식이 아니면 개인의 자유와 권리를 제한할 수 없다는 사상. 시민혁명으로 군주의 권한이 제약되는 과정을 통해 형성되었다.

11

석탄과 기계
시대의 재해

산업혁명 시기, 산업재해는
이렇게 발생하고 극복되었다

1666 런던 대화재 발생

1712 뉴커먼 기관 개발

1775 미국 독립전쟁 시작

1776 와트 증기기관 개발

1786 조선 서학 금지

1789 프랑스혁명 시작

1811 영국 기계파괴운동 시작

1840 아편전쟁 발발

1854 존 스노 콜레라 원인 규명

1860 최제우 동학 창시

1871 독일 통일

1876 강화도조약 체결

1880년대 독일 비스마르크 복지정책 실시

조선에서 영조와 정조의 시대가 저물고 서학에 대한 탄압이 진행되던 18세기 중반, 영국은 세계 최초로 산업혁명을 시작하고 있었습니다. 농업 중심의 사회가 저물고 석탄과 기계가 새로운 시대를 상징하게 되었어요. 산업혁명은 장기적으로는 인류의 생활수준을 향상시켰지만, 처음부터 그랬던 것은 아니었습니다. 석탄이 가정용 연료로 널리 사용되면서 어린아이들에게 좁은 굴뚝을 드나들며 청소하라고 강요를 하기도 했고, 공장의 기계들은 안전설비를 갖추지 않은 채 작동해서 사고가 빈번하게 발생했습니다. 공업 지역에 서둘러 건설된 도시는 상하수도 시설이 형편없어서 콜레라와 같은 감염병이 퍼지기 쉬운 환경이었지요. 이 모든 상황이 직업병과 사고라는 산업재해를 만들어냈습니다. 이런 시대 상황 속에서 인류는 어떻게 산업재해를 극복할 방안을 만들어냈을까요? 공업화를 일찍 이룬 국가들의 경험을 통해 살펴보기로 하지요.

그림11-1 토머스 롤런드슨, 「하층민들의 특징 시리즈」, 1820

런던의 한 주택가에 한 어른과 두 아이가 줄을 지어 걸어가고 있습니다. 세 사람 모두 등에 부대를 메고 있네요. 손에는 솔과 부삽을 들고 있고, 옷차림은 허름해 보입니다. 특히 잿빛의 칙칙한 옷차림이 눈길을 끄는데, 얼굴과 다리조차 짙은 회색빛입니다. **이들은 과연 누구일까요?**

이 그림은 19세기 초반 영국에서 삽화가로 명성이 높았던 토머스 롤런드슨Thomas Rowlandson의 작품입니다. 그는 하층민의 생활상을 해학과 풍자를 곁들여 묘사하는 데 탁월한 솜씨를 보였지요. 등장인물들의 정체를 알려주는 직접적인 힌트는 그림의 왼편 윗부분에 있습니다. 솔과 부삽을 든 채 굴뚝 위로 상체를 내밀고 있는 사람 보이지요? 그림 속의 주인공들은 바로 굴뚝청소부입니다. 이들은 지금 거리를 돌아다니며 목소리를 맞추어 "뚫어!"를 외치는 중입니다.

19세기 영국의 굴뚝청소 아이들 ────

굴뚝을 정기적으로 청소해야 하는 이유는 연료로 석탄을 사용하기 때문이었습니다. 런던의 경우 1666년 대화재로 1만3000여 채의 가옥이 잿더미가 된 후 재건축이 필요했는데, 이때 벽돌을 주재료로 재건

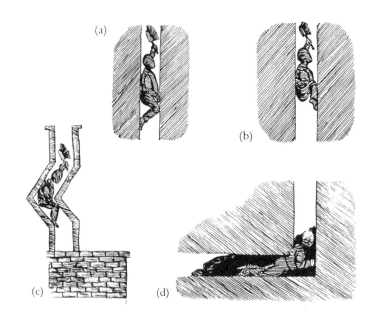

그림11-2 굴뚝청소의 모습, 1934년. (a)는 기본자세, (b)는 위아래로 오르내리는 방법, (c)는 구부러진 굴뚝을 통과하는 방법, (d)는 검댕이 쌓인 모서리에서 사고가 나는 모습이다.

축을 하면서 땔나무 대신 석탄을 쓰는 가구가 크게 늘어났습니다. 런던보다 속도가 더뎠을 뿐 영국의 다른 도시들에서도 석탄을 쓰는 가구가 점차 많아졌지요.

석탄 연기가 잘 빠져나가게 하려면 굴뚝 내부를 좁게 만들어야 했어요. 따라서 청소 작업은 몸집이 작은 아이들에게 맡겨졌습니다. 당시 영국에서는 각 마을의 가난한 아이들에게 기술을 익힐 자리를 알선해 주는 제도가 널리 퍼져 있었어요. 이 제도를 통해 돈 없고 기댈 곳 없는 가난한 아동은 굴뚝청소 일을 시작하게 되었습니다.

굴뚝청소는 사고 위험이 큰 작업이었습니다. 아이들은 좁디좁은 굴뚝을 오르내리며 검댕을 떼어내고 가루를 쓸어 담아 밖으로 빼냈는데, 공기가 통하지 않아 질식하기도 했고, 엉킨 옷가지에 목이 조이기도 했습니다. 굴뚝이 뜨거운 상태에서 작업하다 화상을 입기도 했고, 굴뚝이 약해 무너지는 경우도 있었지요.

그림11-2를 보면 아이들의 노동 환경이 얼마나 열악했는지 쉽게 상상할 수 있을 거예요. 굴뚝을 청소하는 아이들이 어떤 자세를 취해야 했는지, 그리고 이런 자세가 얼마나 위험했는지를 여실히 보여주고 있죠.

굴뚝청소부 아이들은 사고뿐만 아니라 직업병의 위험에도 노출되어 있었습니다. 팔꿈치와 무릎에 난 상처가 감염되어 악화되는 것은 물론이고, 검댕 탓에 각종 암의 발병률도 높았지요. 아이들은 장시간의 노동, 비위생적 환경, 영양실조 탓에 건강 악화를 피하기 어려웠습니다.

산업혁명의 이면

더욱 본격적으로 사고와 직업병의 문제가 불거진 것은 산업혁명 시기를 거치면서였습니다. 노동자들은 공장이라는 낯선 환경에서 장시간에 걸쳐 고된 일을 했습니다. 환기시설이 형편없고 햇빛이 들지 않는 공장 안에서 수많은 동력기계와 공작기계가 아무런 안전설비 없이 굉음을 내며 엄청난 속도로 돌아갔지요. 순간의 실수로 손발이나 머리카락이 기계에 빨려 들어가는 일이 비일비재했습니다. 오히려 사고가 나지 않는다면 이상할 지경이었지요.

산업혁명을 대표하는 방적공장의 경우 기계화가 진전되면서 남성의 근육보다 섬세한 여성의 손놀림이나 기계 사이로 오가면서 끊어진 실을 잇는 아동의 민첩함이 필요했습니다. 여성과 아이들은 성인 남성에 비해 임금이 낮고 규율을 강제하기도 쉬웠기 때문에 공장주들의 환영을 받았지요. 여성과 아동 노동자들은 폐 질환, 근골격계 실환, 감염성 질환에 시달렸는데, 모두 열악한 노동 조건과 관계가 깊은 질병들이었어요.

광산도 마찬가지였습니다. 석탄과 각종 광물을 캐기 위해 수많은 광부들이 칠흑같이 어둡고 비좁고 무덥고 습한 갱도 안에서 분진이 가득한 공기를 들이마시며 일했습니다. 채굴량이 증가하면서 갱도가 점점 깊고 복잡해지자, 몸집이 작은 아이들이 더 많이 고용되었지요. 당시 여성과 아동 광부들의 노동 실태를 조사한 의회보고서에는 이들이 얼마나 많은 위험에 노출되었는지를 보여주는 사례가 가득합니다.

광부들은 석탄덩이 운반 차량에 치이고, 무너지는 갱도 천장에 깔리고, 수직갱도에서 추락하는 사고를 겪었습니다. 시력이 손상되기도 했고, 폭발 사고로 수백 명의 광부가 한꺼번에 목숨을 잃기도 했고요. 석탄 분진을 호흡해 생긴 진폐증은 일을 그만둔 이후까지도 평생을 따라다니며 이들을 괴롭혔습니다.

철도업도 산업재해*가 빈발한 분야였습니다. 최소한 수십 명, 많으면 100명이 넘는 사망자를 내는 대형 철도 사고가 한 해 걸러 한 번꼴로 발생했지요. 당시 신문 지면은 피비린내 나는 사고 현장에 대한 묘사로 가득 차는 경우가 잦았습니다.

노동환경 개선의 움직임

노동조건을 개선해야 한다는 목소리는 공장주들의 반대에 번번이 부딪혔습니다. 환기시설 설치, 안전장비 착용, 노동시간 축소, 휴식 여

TIP

산업재해
업무상 일어난 사고와 직업병으로 인해 노동자가 받는 신체적 및 정신적 피해. 산업재해는 책임을 개인에게 묻기 어렵다는 특징을 지닌다.

그림11-3 「블랙컨트리의 탄광을 방문한 섀프츠버리 경, 1840~42년」, 『더 그래픽The Graphic』, 1885년

건 개선은 모두 공장주에게 돈이 더 드는 일, 즉 이윤 극대화를 방해하
는 요인이었지요. 질 좋은 노동환경을 갖추려고 노력한 공장주가 없었
던 것은 아니지만, 이는 소수에 불과했고 사회적 차원의 해결책에 대
한 고민은 턱없이 부족했습니다.

　그러나 개혁을 꿈꾸는 사람들의 주장은 점차 시민들의 호응을 얻어
갔습니다. 개혁가들은 협회를 조직하고, 안내 책자를 발간하고, 강연
회를 열고, 의회에 조사와 입법을 요구하면서 동조 세력을 확대해갔지

요. 그림11-3은 대표적인 개혁가였던 섀프츠버리 경Lord Shaftesbury이 영국 중부 공업지대인 블랙컨트리에서 일하는 아동 광부를 방문한 장면을 묘사하고 있습니다.

낮고 깜깜한 갱도에서 윗옷을 벗은 채 석탄덩이를 가득 실은 수레를 허리에 묶어 옮기는 아이의 처참한 모습에 놀라는 기색이 역력하지요. 섀프츠버리 경과 같은 개혁가들의 노력이 더해져 노동 조건을 개선하려는 움직임은 서서히 힘을 키워갔습니다.

한편 노동 조건이 개선된다 하더라도 노동자들의 거주 여건이 비위생적이라면 부상과 직업병은 악화되기 쉬웠습니다. 특히 공장지대가 새로 형성된 곳은 마구잡이식 개발 탓에 부실공사, 비싼 임대료, 그리고 취약한 상하수도 시설로 악명이 높았지요. 그림11-4는 조지 핀웰이 그린 「죽음의 진료소」라는 작품입니다. 여기에는 '가난한 이들에게 교구가 무료로 제공함'이라는 부제가 붙어 있습니다.

1854년에 런던 소호에서 콜레라가 발생했는데, 초기에는 원인을 찾지 못해 희생자가 크게 증가했습니다. 그러나 개혁적 의사들의 끈질긴 노력으로 인근 브로드가의 공중수도 펌프가 병의 진원지임이 밝혀졌지요. 이 그림은 공중시설이 치사율 높은 감염병의 원인이었다는 사실을 강조하는 일종의 계몽 포스터입니다.

산업재해에 대한 인식 변화

인류가 석탄과 기계를 사용하기 이전에도 재해는 존재했습니다. 농장, 가내수공업장, 마차와 배에서 재해는 끊임없이 발생해왔어요. 그러나 공업화가 재해의 성격을 근본적으로 바꿔놓았습니다. 소수로 작

그림11-4 조지 핀웰, 「죽음의 진료소」, 1866년

업하던 시절에는 함께 일하는 사람들이 작업의 성격과 잠재적 위험에 대해 잘 알고 있었습니다. 따라서 사고가 발생하면 개인의 잘못 혹은 운명이라고 여기곤 했지요.

그런데 공장과 광산의 규모가 커지고 철도와 같은 대형 운송수단이 도입되면서, 많은 노동자들의 작업이 서로 밀접하게 연계되고 작업 공간이 확장되기 시작했습니다. 따라서 개인의 과실보다 다른 노동자의 실수나 시스템의 문제로 재해를 입는 사례가 많아졌지요. 이것이 재해가 개인적 차원에 머물지 않고 본격적인 '산업재해'로 변모하게 된 계기였습니다.

19세기 중반 이후 산업재해에 대한 인식이 퍼지기 시작했습니다. 이제 업무상 발생한 사고와 직업병에 대해 과거처럼 노동자 개인에게 책임을 묻기 어려워진 것이지요. 대규모 재해가 발생할 때마다 피해자에 대한 동정심과 사고 방지책에 대한 요구로 여론이 들끓었습니다. 예전에는 재해를 당한 노동자가 고용주의 개인적 선의와 자선단체의 빈민구호에 의지하거나 심지어 운이 없으면 아무런 도움을 받지 못하곤 했지만, 이제 고용주에게 정식으로 피해보상을 요구할 수 있다는 인식이 확산되었지요.

법정에서의 판결도 점차 고용주의 책임을 인정하는 방향으로 변해 갔습니다. 19세기를 거치면서 결집력이 커진 노동조합에서는 돈 없는 조합원에게 소송에 필요한 비용과 정보를 제공했습니다. 여러 정치가, 사회운동가, 종교 지도자들이 산업재해 실태조사를 실시하고, 안전장치 의무화와 보상책임*의 강화를 법으로 확립하는 데 힘썼지요. 유명 소설가 찰스 디킨스와 같은 이는 대중 강연을 통해 이런 움직임에 힘을 보탰습니다.

TIP

보상책임
재해가 발생했을 때 고용주가 직접적 책임이 없더라도 발생한 피해에 대해 보상을 해야 한다는 원칙

산업재해에 대한 독일의 대응 ──

    산업재해에 대한 대응책을 마련하는 노력은 공업화된 국가들에서 공통적으로 나타났습니다. 그중에서도 공업화의 출발이 늦었지만 철강, 기계, 화학, 전기 등 중화학 공업을 중심으로 급속한 공업화에 성공한 독일이 가장 적극적이었습니다. 그림11-5는 그런 공장 가운데 한 곳을 보여줍니다.

    1890년 베를린에서 개최된 '독일 재해방지 대박람회'에 전시되었던 요한 바Johann Bahr의 목판화 작품입니다. 공작기계가 설치된 공장

그림11-5 요한 바, 「공작기계 사고」, 1890년

에서 사고가 발생하여 부상자가 바닥에서 응급처치를 받고 있고, 놀란 아내와 아이가 환자 쪽으로 걸어오고 있습니다. 다른 노동자들은 기계를 살펴보며 사고의 원인이 무엇인지 서로 논의하고 있네요. 대규모 공장은 이렇듯 위험이 늘상 도사리는 곳이었습니다.

독일에서 노동자수가 급증하면서 노동조합의 규모와 활동력이 증가하고 사회주의운동이 일어나자, 비스마르크* 총리는 1871년에 고용주 보상책임법을 제정하고, 이어서 1884년에는 산재보험* 제도를 마련하는 등 적극적인 산업재해 대응 정책을 폈습니다. 재해를 줄이고 피해 구제를 보장하는 제도는 이렇듯 노동자의 과실 여부와 상관없이 재해의 책임을 개인에서 고용주 및 사회로 전환함으로써 이루어졌습니다.

산재보험 제도의 확산

한편 영국은 공업화를 가장 먼저 경험했지만, 자유방임주의*와 개인적 자선의 전통이 강했던 탓에 공적제도의 마련이 독일보다 늦었습니다. 산업재해에 대한 독일식 대응 체제는 곧 다른 국가들에게 전파되었지요. 1910년까지 서구 20개국이 산재보험 제도를 갖추게 되었고 일본, 타이완, 싱가포르 등 아시아 국가들도 1940년 이전에 이 제도를 도입했습니다.

제2차세계대전 이후 독립을 쟁취하고 공업화를 추진한 국가들도 순차적으로 산업재해 관련 입법을 정비했습니다. 우리나라의 경우 1964년에 처음으로 산재보험 제도가 도입되었고 이후 여러 차례 개정되었습니다.

안전은 인간이 인간다운 삶을 영위하는 데 가장 기본적인 요소입니

TIP

오토 폰 비스마르크
Otto von Bismarck,
1815~98
독일의 정치지도자. 1862년에 프로이센의 총리로 임명된 후, 강력한 부국강병책을 써서 오스트리아 및 프랑스와의 전쟁을 승리로 이끌었으며, 1871년 독일 통일을 완수한 후 제국의 재상으로 활동했다.

산재보험
산업재해보험의 약자. 산업재해를 입은 노동자를 보호하기 위한 사회보험 제도로 고용주는 이 보험에 의무적으로 가입해야 한다.

자유방임주의
개인에게 경제활동의 자유를 최대한 보장하고 국가의 간섭을 배제하는 것이 바람직하다는 사상.

다. 특히 일생의 많은 시간을 보내는 일터에서 안전이 행복의 필수조건임은 두말할 필요도 없겠지요.

서구 산업사회는 공업화의 과정에서 수많은 산업재해를 입었던 경험을 교훈 삼아 내실 있는 대응책을 마련해왔습니다. 오늘날에도 크고 작은 산업재해가 끊이지 않는 우리 현실을 되돌아보지 않을 수 없지요. 과연 우리 사회는 일터에서 안전하게 일하며 행복을 추구할 수 있는 기반을 제대로 갖추고 있을까요?

12

청 황실의
사절단

화이사상에 갇힌 건륭제,
세계의 변화를 놓치다

오랜 기간 중국은 스스로를 세계의 중심이라고 여겼습니다. 다른 국가들은 모두 오랑캐 국가로서 천자가 통치하는 중국에 조공을 바치는 위치에 있다고 보았지요. 청나라 건륭제의 칠순잔치에 맞춰 연암 박지원이 열하에 있는 황제의 여름별장을 방문한 것이 1780년이었습니다. 그로부터 12년 후 영국의 외교관 메카트니는 대규모 사절단을 이끌고 같은 곳에서 건륭제를 알현했어요. 그의 목적은 공업 강국으로 한창 떠오르고 있는 영국의 무역활동을 중국 내에서 널리 허용해달라고 요청하는 것이었습니다. 그러나 건륭제는 화이사상이 짙게 배인 어투로 영국 사절단의 요청을 거부했습니다. 그저 하나의 조공국으로서 천자의 은덕에 감사하며 지내는 것이 영국의 도리라고 말이죠. 황제는 세상 돌아가는 사정을 전혀 알지 못했던 것일까요?

도12-1 제임스 길레이, 「베이징 궁전에서의 외교사절단 접견」, 1793년경

청나라 궁정에서 황제가 영국 외교사절단을 접견하고 있습니다. 사절의 대표가 한쪽 무릎을 꿇고서 황제에게 국왕의 친서를 전하고 있고, 그 뒤로 수행원들이 바닥에 머리를 조아리고 있네요. 사절단은 다양한 모형과 기구, 장난감 등을 선물로 가져와 황제의 환심을 사려고 합니다. 그러나 긴 담뱃대를 문 황제는 시큰둥한 표정만 짓고 있군요. 이 그림은 어떤 역사적 현장을 묘사한 것일까요?

중국의 역사에서 17~18세기 청 왕조의 강희제, 옹정제, 건륭제가 통치한 134년의 기간을 강건성세康乾盛世라고 부릅니다. '강'희제부터 '건'륭제에 이르는 기간이 제국의 영토가 확장되고 경제와 문화가 번영한 황금기였다는 긍정적 평가를 담은 말입니다. 만주족 전성시대라는 의미에서 '팍스 만추리아'*라고 부르기도 합니다. 확실히 이 시기는 청의 지배력이 커지고 문화적 역량이 발휘된 때였습니다.

세계사적 시각에서 보면, 유럽이 지구 전역으로 무역망을 확대하고 제도 개혁과 기술진보를 통해 공업화로 나아갈 토대를 닦고 있던 때이기도 했습니다. 중국에서 생산된 차와 도자기가 유럽에서 선풍을 일으켰지만, 이 상품들은 유럽의 동인도회사들에 의해 교역되고 유럽 선박에 실려 옮겨졌지요. 다시 말해 중국은 여전히 강성한 제국이었지만 점차 유럽으로 경제적 주도권이 넘어가고 있었다고 하겠습니다.

TIP

팍스 만추리아
Pax Manchuria
만주족이 세운 청나라가 채택한 법률, 문화, 사회질서가 아시아의 넓은 지역에서 표준처럼 여겨진 시기를 일컫는다.

영국이 세계 최초로 산업혁명이라는 역사적 과정을 진행하던 시점인 1792년, 국왕 조지 3세는 중국과의 무역을 확대할 목적으로 외교사절단을 건륭제에게 파견하기로 결정했습니다. 유일한 무역항이었던 광저우 이외에 톈진과 닝보 등에서도 교역을 허락하고, 베이징에 영국 외교관이 상주하게 하고, 영국 상인이 거주할 지역을 마련해달라는 것이 요청의 구체적 내용이었지요.

러시아와 인도에서 외교 경험을 풍부하게 쌓은 매카트니 경Lord Macartney을 대표로 100명의 사절단이 구성되었습니다. 사절단은 이미 한참 지난 황제의 80번째 생일을 축하한다는 명분을 내걸고 출발해 이듬해에 중국에 도착했습니다. 이들은 긴 여정 끝에 황제를 알현하는 데 성공하지만, 결국 기대했던 성과를 거두는 데에는 실패했지요.

영국의 만평화가 제임스 길레이James Grillray가 그린 앞의 그림(그림12-1)은 이 역사적 장면을 재현하고 있습니다. 사절단이 가져온 다양한 선물들이 시선을 끄네요. 그중에는 조지 3세의 마차를 재현한 황금색 미니어처도 있고, 영국이 자랑하는 군함의 모형도 있으며, 유럽에서 선풍적 인기를 끌던 열기구의 모형도 보입니다. 친서를 내미는 매카트니의 당당하면서도 신중한 표정과 고개를 옆으로 살짝 돌린 건륭제의 심드렁한 표정이 대조를 이루는군요. 황제는 선물들이 신기한 면은 있지만 중국에는 전혀 필요하지 않은 종류들이라고 평했다고 전합니다. 화가는 이를 통해 영국이 세계 중심국으로 부상하고 있는 국제적 상황을 중국이 전혀 인식하지 못하고 있다고 꼬집고자 했던 것으로 보이는군요.

그림에 드러나는 시각 차이

이 그림은 현실과 어떤 차이가 있었을까요? 첫째, 영국의 외교사절
단이 가져간 선물은 그림에 나타난 것보다 훨씬 큰 규모였습니다. 기
록에 따르면 선물 운반에 마차 40대와 3000명의 인력이 필요했다고
해요. 선물 상자가 600개나 되었기 때문입니다. 이 중에서 어떤 선물을
황제에게 보였는가는 확실하지 않습니다. 둘째, 이 그림의 화가는 접견
이 베이징의 자금성에서 이루어진 것으로 알았습니다. 하지만 실제 장
소는 베이징이 아니라 만리장성 너머 열하熱河에 위치한 여름철 집무

그림12-2 윌리엄 알렉산더, 「건륭제를 알현하는 매카트니 경」, 1793년

시설인 피서산장이었습니다. 연암 박지원이 쓴『열하일기』의 배경인 바로 그 열하입니다. 연암은 1780년 건륭제의 칠순산치에 참석하기 위해 그곳을 방문했었습니다. 불과 12년 후에 매카트니가 그곳을 찾았으니 그와 연암이 본 열하의 모습은 별반 다르지 않았을 것입니다.

「건륭제를 알현하는 매카트니 경」(그림12-2)은 당시 사절단을 직접 수행한 화가 윌리엄 알렉산더William Alexander가 그린 역사적 만남의 순간을 보여줍니다. 앞의 그림보다는 실제로 벌어진 상황을 더 정확하게 전달한다고 볼 수 있을 것입니다. 하지만 영국 사절단의 시선으로 그렸을 가능성은 충분합니다.

옥좌에 앉은 건륭제에게 매카트니가 조지 3세의 친서를 바치고 있네요. 그 뒤로 부사 조지 스타운턴과 그의 열한 살 난 아들 조지 토머스 스타운턴이 함께 서 있습니다. 이 아이는 언어 능력이 뛰어나 단시간에 배운 중국어로 황제에게 소개 인사를 해 깊은 인상을 남겼다고 합니다.

이번에는 중국 측에서 매카트니 사절단을 묘사한 작품을 볼까요. 「매카트니 사절의 중국 방문」(그림12-3)은 비단에 수를 놓은 작품인데, 영국 사절단이 선물을 운반하는 모습이 묘사되어 있습니다. 그러나 이 그림도 실제와는 거리가 있습니다. 무엇보다 그림 속 영국인들이 19세기가 아닌 16세기 복장을 하고 있습니다. 또한 운반 중인 선물들은 영국에서 가져온 게 아니라 당시 베이징의 관상대*에 설치되어 있던 관측 장비입니다. 일찍이 예수회* 선교사들이 중국으로 들여와 황제의 허락을 받아 설치한 기구들입니다.

오른쪽의 커다란 구형 물체가 천체의天體儀라는 장비이고 중앙에 있는 궤도가 조금 작은 물체는 황도의黃道儀라고 합니다. 이렇게 역사에

TIP

관상대 觀象臺
기상 상태를 관측·조사·연구하는 기관으로 오늘날의 기상대에 해당한다. 청의 관상대는 황제의 관심을 받아 많은 장비를 갖추었다.

예수회
1540년 로욜라가 창설한 가톨릭 수도회. 신교와 대립하는 한편 유럽 이외의 지역으로 선교활동을 넓히는 데에 적극적이었다.

御製紅毛嘆咭唎國王差使臣嗎嘎
嘶呢等奉表貢至詩以誌事
博都雅昔從職貢嘆咭唎今效藎誠
暎洋梯車輪近步
祖功
宗德遠覲視如常卻心嘉篤不貴
異純物翎精皺遠海來而厚注衷深
保泰以勓盈

그림12-3 작자 미상, 「매카트니 사절의 중국 방문」, 1793년경

맞지 않게 묘사한 것으로 미루어볼 때 이 그림은 작가가 사절단을 직접 보고 그리지 않은 게 분명합니다. 그저 영국 사절단이 많은 선물을 황제에게 바쳤다고 강조하는 작품이라고 보면 될 것입니다.

청의 화이사상

중국을 방문한 외교사절단은 매우 특별한 난제에 직면해야 했습니다. 삼궤구고두三跪九叩頭, 즉 '황제 앞에서 세 번 무릎을 꿇고 아홉 번 머리를 땅에 닿게 조아리는' 의례를 행해야 한다는 점이었습니다. 이 전통 의례를 따르라는 중국 측 주장을 매카트니는 완강하게 거부했습니다. 중국은 조공국의 방문이라고 여겼지만 영국은 두 나라의 대등한 외교접촉이라고 봤기에 발생한 갈등이었습니다. 다행히 건륭제가 의례를 면제해줌으로써 난감한 상황에서 벗어날 수 있었습니다. 매카트니는 한쪽 무릎을 꿇고 깊게 허리를 숙이는 인사법으로 삼궤구고두 의례를 대신했습니다.

청의 입장에서 볼 때 영국 사절단은 조공을 바치러 온 대표단의 하나에 불과했습니다. 청은 이미 포르투갈, 네덜란드, 로마 교황청에서 온 사절을 상대해본 경험이 있었고, 그중 누구건 다른 이들과 차별적으로 대우를 해줄 생각이 전혀 없었습니다. 뿌리 깊은 화이사상*이 건륭제 시대에도 여전히 강력한 힘을 발휘하고 있었지요. 세상의 중심에 중국이 있고 서구 국가들은 문명 수준이 낮은 오랑캐일 뿐이었습니다. 영국 사절단에게도 중국의 이런 태도가 느껴졌던지 한 외교관은 이런 기록을 남겼습니다.

"우리는 거지처럼 입성했고 죄수처럼 지냈으며 부랑아처럼 떠났다."

TIP

화이사상華夷思想
중국의 자국문화 중심 사상. 자기 나라를 '중화(中華)'라 하여 존중하는 반면 다른 나라들은 '이적(夷狄)'이라 하여 천시하였다.

그림12-4 주세페 카스틸리오네(낭세녕), 「예복을 입고 말을 탄 건륭제」, 1758년

동서양 화풍의 접목

사실 청의 황제들이 서구 문물에 대해 전적으로 무지했던 것은 아닙니다. 이미 예수회를 통해 과학기구와 기독교 사상에 대해 어느 정도의 지식을 갖고 있었습니다. 건륭제도 마찬가지였습니다. 그는 자신의 초상화도 예수회 소속 서양화가에게 맡기곤 했습니다. 밀라노 출신의 주세페 카스틸리오네Giuseppe Castiglione는 일찍이 1715년부터 청황실의 궁정화가로 활동하면서 서양화풍과 중국화풍을 동시에 보여주는 그림으로 명성을 얻었고 낭세녕郎世寧이라는 중국식 이름도 얻었습니다.

「예복을 입고 말을 탄 건륭제」(그림12-4)는 그가 그린 젊은 시절의 건륭제를 보여줍니다. 황제의 얼굴과 말의 몸뚱이는 음영법陰影法을 포함한 서구식 화법을 보여주는데, 땅바닥에 그림자를 그려넣지 않은 점은 중국식 화법의 전통에 맞닿아 있습니다. 어찌 보면 서양화 양식과 중국화 양식이 온전히 융합된 것 같은 느낌을 주기도 합니다. 그림속의 건륭제는 황금색의 화려한 복장에 멋진 활과 화살을 든 늠름한 정복자의 모습입니다. 마치 중국이 세계의 중심 국가이며 황제가 세계의 통치자라고 선언하는 듯합니다.

중국의 무역정책

TIP

해금海禁 정책
바다에 대한 접근성을 제한해 교통과 무역을 통제한 정책. 명나라 때에 시작되었으며 청나라 때에는 초기에 시행하다가 점차 풀어주었다.

서구 국가들을 화이사상의 시각에서 바라보는 중국의 태도는 무역 정책에도 반영되고 있었습니다. 청 왕조는 초기인 1680년대에 반청운동 세력을 진압한 이후 해금 정책®을 풀고 여러 항구에 해관海關

그림12-5 작자 미상, 「광저우의 외국인 상관들」, 1790년경

을 설치해 무역을 인정했습니다. 대표적 항구였던 광저우의 상인들은 1720년 서양 상인들과의 교역에서 지나친 경쟁을 피할 의도로 공행* 이라는 상인조합을 결성했어요.

한편 1757년 건륭제는 서양과의 교역 창구를 광저우 하나로 제한하는 조치를 취했습니다. 외국 무역선은 반드시 광저우로만 들어와야 하고 청 정부가 지정한 관리가 지시하는 대로 입출항 절차를 밟아야 했습니다.

TIP

공행公行

청나라 때 무역항이던 광저우에 있었던 상인조합. 중국 상인들이 서양 상인과의 교역에서 유리한 위치를 차지하기 위해 결성했다. 공행은 청 정부가 파견한 관리의 통제를 받았다.

상관商館

상거래의 편의를 위해 상인들이 체류하고 상품을 다룰 수 있도록 세워진 건축물. 이곳에서 수출과 수입 업무도 진행되었다.

광저우의 상관®에 머물 수 있는 기간도 제한되었습니다. 예를 들어 영국 동인도회사의 화물 관리인은 10월에서 3월에만 상관에 머무를 수 있었고 나머지 기간에는 멀리 마카오에 나가 지내야 했지요.

그림12-5는 매카트니가 중국을 방문할 무렵 광저우 상관들의 모습을 묘사하고 있습니다. 긴 부두를 따라 서양 각국의 상관들이 줄지어 자리잡고 있지요. 이렇게 제한된 공간에서 중국 정부의 통제를 받으며 교역을 해야 했던 서양인들은 무역의 확대와 자유로운 활동을 간절히 원했습니다. 영국이 매카트니를 파견한 목적도 바로 여기에 있었지요.

건륭제는 영국의 요청을 단호하게 거부했습니다. 외교사절이 베이징에 머무르는 것도, 무역항을 확대하는 것도 받아들이지 않았어요. 나아가 황제는 조지 3세에게 보내는 친서에서 지구 반대편까지 미치는 자신의 은덕에 감사를 느끼고 충의를 다하라고 '조언'했습니다.

어떤 역사가는 사절단이 삼궤구고두를 거부한 탓에 황제가 사절단의 요구를 내쳤을 것이라고 추측하기도 합니다. 그러나 이는 사실과 거리가 멀어요. 근본적인 이유는 번영의 끝자락에 아슬아슬하게 선 청나라가 기존의 관념과 질서를 변화시킬 의향이 없었다는 데 있었습니다.

빈손으로 귀국길에 오른 매카트니는 청나라를 낡은 전함에 비유했습니다. 지난 150년 동안 이 배가 침몰하지 않고 유지될 수 있었던 것은 "유능하고 조심성 있는 관리들"이 있었기 때문이었습니다. 그렇지만 이런 인물들이 부족해지면 전함은 "바로 가라앉지는 않겠지만 한동안 난파되어 떠돌다가 마침내 산산조각이 날" 운명이라고 그는 말했지요.

반세기 후인 1840년 중국에 영국인들이 다시 찾아옵니다. 그러나 이번에는 외교사절이 아닌 중무장한 군대의 모습이었습니다. 건륭제에게 중국어로 인사를 올렸던 어린아이 조지 토머스 스타운턴이 중년의 정치가로서 영국 의회에서 전쟁의 필요성을 역설했다고 합니다. 이런 사실을 알고 나니 마음이 심란해지는군요.

그의 마음은 언제부터 전쟁 쪽으로 기울게 되었을까요? 영국이 공업대국이자 군사강국으로 등장하는 글로벌한 변화를 화이사상에 갇혀 감지하지 못한 중국은 혹독한 대가를 치러야 했습니다. 중국이라는 배는 결국 아편전쟁˚을 통해 난파당하고 강압에 의해 항구들을 개방해 어쩔 수 없이 자유무역˚을 받아들이는 신세로 전락하고 말았지요.

TIP

아편전쟁 1840~42
중국에 대한 무역 적자가 커지자 영국은 인도산 아편을 중국에 밀수출해 아편 중독자가 늘어났다. 이에 중국 정부가 아편무역을 금지하자 영국이 동인도회사를 앞세워 전쟁을 시작했다. 승리한 영국은 중국에 여러 이권을 요구했다.

자유무역
외국과의 무역에 대해 국가가 아무런 제한을 가하지 않는 형태의 무역 방식.

13

영국의
전성시대

만국박람회, 산업혁명을
유럽 전역에 확산시키다

누구나 자랑거리가 있으면 다른 사람에게 보여주고 싶기 마련입니다. 국가도 마찬가지여서 세계 최초로 공업국이 된 영국은 자국의 기술력을 세상에 과시하고 싶었어요. 1851년 런던에서 열린 만국박람회는 바로 이런 목적으로 마련된 행사였습니다. '수정궁'이라고 불린 전시장이 엄청난 볼거리를 제공했고, 영국이 전시한 증기기관과 공작기계가 관람객의 시선을 사로잡았습니다. 특히 외국인 관람객들은 공업화의 위력을 실감하고 자국에 돌아가 공업화의 필요성을 역설하게 되었지요. 그리고 어느 정도 공업화를 진행한 후에는 어김없이 만국박람회를 개최해 자국의 성취를 뽐냈습니다. 조선이 처음으로 만국박람회에 참석한 것은 1894년 시카고 만국박람회 때였습니다. 이때 조선은 방패연과 자물쇠 등 소박한 물품들을 전시했다고 합니다.

그림13-1 프란츠 빈터할터, 「1851년 5월 1일」, 1851년

●

제복을 갖춰 입은 두 남자, 머리에 티아라를 하고 화려한 복장을 한 여인, 그리고 꽃다발을 손에 든 아기가 묘사되어 있습니다. 벨벳으로 싸인 가구도 대리석 기둥도 모두 고급스럽습니다. 아기를 안고 있는 여인에게 머리칼이 하얀 남자가 귀한 장식함을 바치고 있네요. 인물들은 하나같이 근엄한 표정을 짓고 있습니다. 심지어 아기의 표정도 비현실적으로 어른스럽군요. 마치 아기 예수를 찾아온 동방박사 그림과 느낌이 흡사하다고나 할까요? 이 점잖고 우아한 분위기의 그림에 표현된 인물들은 누구일까요? 그리고 이 그림은 어떤 장면을 묘사하고 있을까요?

이 기품 넘치는 그림을 그린 화가는 독일 출신의 프란츠 빈터할터Franz X. Winterhalter입니다. 그는 독일과 이탈리아에서 미술을 공부한 후 프랑스에서 궁정화가로 활동했습니다. 유럽 각국의 왕족들에게서 초상화를 그려달라는 요청이 끊이지 않을 정도로 유럽 전역에서 인기를 누린 화가였지요.

그림13-1은 19세기 중반 초강대국이었던 영국의 왕실을 묘사한 것입니다. 아기를 안고 있는 여인은 대영제국의 수장인 빅토리아 여왕이고, 그 왼편에 서 있는 남자는 남편인 앨버트 공입니다. 금슬이 좋았던 두 사람은 많은 자식을 두었는데, 그림 속의 아기는 일곱째 아이인 아서 왕자입니다. 머리칼이 하얀 남자는 과거 워털루전투*에서 나폴레옹의 군대를 격파한 맹장 웰링턴 공입니다. 빅토리아 여왕은 유럽의 다른 군주들과 마찬가지로 빈터할터의 솜씨를 높이 평가하여, 1842년부터 20년에 걸쳐 그에게 왕족의 초상화를 그려달라고 자주 요청했다고 해요.

TIP

워털루전투
1815년 벨기에의 워털루 인근에서 프랑스의 나폴레옹 군대와 영국·프로이센 연합군이 맞붙은 전투. 나폴레옹은 이 전투에서 패배하여 지배력을 상실했고 영국군을 이끈 웰링턴은 국가적 영웅으로 추앙받았다.

그림의 제목은 「1851년 5월 1일」입니다. 이 날짜가 그림의 주제를 말해줍니다. 이날은 아서 왕자의 첫돌이자 동시에 웰링턴 공의 82번째 생일이었습니다. 웰링턴 공은 아서 왕자의 대부代父이기도 했어요. 그림에서 고령의 웰링턴 공은 아서 왕자에게 장식함을 선물하는 것으로, 그리고 아서 왕자는 웰링턴 공에게 꽃다발을 전달하는 것으로 묘사됩니다.

세계 최초 국제 박람회 ⸺

그런데 1851년 5월 1일은 영국 역사에서 또하나의 중요한 기념일이었습니다. 세계사적으로 본다면 왕자와 고관의 생일보다 훨씬 큰 의미가 있는 날짜입니다. 과연 무엇을 기념하는 날이었을까요?

그림의 배경을 자세히 보면 해답을 찾을 수 있습니다. 앨버트 공의 눈길이 향하는 왼편을 보면 둥근 지붕의 건물이 눈에 들어옵니다. 구름을 뚫고 건물을 비추는 햇살이 성스러운 분위기를 자아내는군요. 바로 이 건물이 우리가 주목할 대상입니다. 이 건물은 1851년에 런던에서 열린 세계 최초의 국제 박람회인 '만국산업대박람회'의 전시장이고, 5월 1일은 바로 이 만국박람회가 개최된 날이었습니다.

앨버트 공은 박람회 개최를 적극적으로 주도하고 후원한 인물이었습니다. 화가가 앨버트 공의 시선이 이 건물을 향하도록 그린 것은 이런 관련성을 반영한 것이라고 할 수 있겠지요. 만국박람회의 개관식은 성대하게 치러졌습니다. 여왕을 중심으로 주요 왕족들과 고관대작들이 참석했고, 수많은 외교사절들이 자리를 빛냈습니다. 오늘날의 국제 박람회에서와 마찬가지로 개별 국가들은 자국의 부스에 진귀한 물품

그림13-2 조지프 내시, 「인도관 전경」, 『디킨슨의 1851년 대박람회총람집』, 1854년

들을 전시했지요. 그들은 박람회를 자국의 문화적 취향과 기술 수준을 과시하는 현장으로 여기고, 관람객들의 이목을 끌 예술품과 해외에서 들여온 이국적인 물품들을 펼쳐 보였습니다.

조지프 내시Joseph Nash가 발간한 화보집에서 대표적 사례를 살펴볼 수 있습니다. 그림13-2는 박람회의 '인도관' 풍경을 보여줍니다. 몸집이 큰 코끼리를 박제하여 전시했고, 코끼리 등 위에 호화로운 좌석을 설치했네요. 그 왼쪽으로 화려하게 장식된 가마도 보입니다. 영국은 이런 종류의 전시품들과 더불어 다른 나라의 전시관에서는 거의 찾아볼 수 없는 동력기계, 공작기계, 운송기계 등 다양한 기계들을 선보였습니다. 세계 최초로 산업혁명을 이룬 국가로서 위용을 과시하기에 안성맞춤이었지요.

그러나 전시품들보다 관람객의 시선을 더 강렬하게 사로잡은 것은 박람회장 건물 자체였습니다. 이 건물은 당시의 다른 건물들과는 근본적으로 달랐어요. 철골 구조에 판유리를 끼워서 만든, 내부가 훤히 들여다보이는 이런 건물은 불과 몇 년 전까지 세상에 존재하지 않았던 형태의 건축물이었습니다.

언론에서는 이 건물에 '수정궁Crystal Palace'이라는 별명을 붙여주었습니다. 조지프 팩스턴이 설계한 이 건물은 좌우가 564미터, 앞뒤가 139미터였고, 높이가 41미터에 달하는 엄청난 규모였어요. 더 놀라운 점은 건물의 혁신적 구조에 있었습니다. 1000개 이상의 주철 기둥 위로 2000개 이상의 격자 대들보가 놓이고 총 45킬로미터에 이르는 철골로 건물의 세부적 틀이 갖추어졌던 것이지요. 여기에 1만8000장의 판유리를 설치함으로써 건물을 완성했습니다.

식물에서 영감을 얻은 수정궁 ───

박람회 개관식을 묘사한 그림13-3에서 관객이 느꼈을 시각적 놀라움을 공감할 수 있습니다. 팩스턴은 어떻게 이런 구조물을 구상하게 되었을까요? 흥미롭게도 그의 아이디어는 멀리 남아메리카에서 자생하는 한 식물에서 출발했습니다. 서구 열강들이 해외로 진출하면서 지구 곳곳의 자연에 대한 지식도 축적해가던 시절이었지요. 1830년대

그림13-3 조지프 내시, 『디킨슨의 1851년 대박람회총람집』, 1854년

그림13-4 『일러스트레이티드 런던 뉴스』에 실린 초대형 수련. 1849년

에 유럽에 처음 알려진 남아메리카의 수련 한 종류가 곧 정원사들에게 각별한 인기를 끌었습니다. '빅토리아 아마조니카'라고 명명된 이 수련은 다 자라면 잎의 지름이 3미터나 되었는데, 더욱 놀라운 사실은 물에 뜬 잎의 부양력이 대단히 커서 그 위에 어린아이가 올라설 수 있을 정도였다는 점입니다.

팩스턴은 데본셔 공작의 대저택인 채츠워스 하우스의 정원 책임자로서, 수입 식물을 기르는 온실에서 이 수련을 잘 키워 꽃을 피워 번식하게 함으로써 유명해졌습니다. 그림13-4는 당시 신문기사에 실린 삽화로, 딸을 수련 잎 위에 올려놓고 자랑스러워하는 팩스턴이 등장합니다.

이 식물에 대한 팩스턴의 관심은 여기에서 그치지 않았습니다. 그는 어떻게 수련 잎이 무거운 아이를 지탱할 수 있는지에 호기심을 느꼈는데, 곧 해답의 열쇠가 잎 뒷면의 구조에 있음을 알아냈습니다. 수련의 잎 뒷면은 화살 모양으로 깊이 갈라져 있었는데 핵심 뼈대들과 그것을 잇는 가로 뼈대들로 이루어진 구조가 강한 지지력의 비밀이었던 것이지요.

팩스턴은 세계박람회장 설계공모전에 이런 구조에서 얻은 아이디어를 바탕으로 설계안을 제출했습니다. 심사위원들은 그의 설계안이 산업혁명을 성공적으로 이룬 영국의 기술적 성취를 보여주기에 가장 적합한 혁신적 디자인이라고 평가했습니다. 그뿐만 아니라 공사비와 공사기간 면에서도 전통적 건축물을 압도하는 경제성을 보였으므로 당연히 그의 안이 채택되었지요.

수정궁은 단지 영국의 공업 생산력을 보여주는 증거물이 아니었습니다. 세계 각지의 자연에 대한 지식의 축적과 이를 활용하는 창의적 사고를 보여주는 증거물이기도 했던 것이지요. 한마디로 지식의 융합이 낳은 뛰어난 결과물이었던 셈입니다. 팩스턴의 실험적 건물은 대성공이었고, 박람회는 성황을 이루었습니다. 6개월의 개관 기간에 하루 평균 4만여 명의 관람객이 방문하여 총 600만 명의 관람객을 기록했으니까요. 당시 영국 총 인구의 3분의 1에 해당하는 어마어마한 규모였습니다.

국제적 교류의 현장 ———

관람객의 대다수는 영국인이었겠지만, 외국인들도 많았습니다. 이

그림13-5 토머스 언윈, 「대박람회를 보러 런던에 온 브라운 부부」, 1851년

들은 대부분 박람회를 직접 방문할 만큼 각 나라의 문물에 관심이 크고, 여행할 경제력과 시간이 있는 상류층이었습니다. 해외 관람객들은 전시품과 전시장만이 아니라 다양한 국가에서 온 관람객에게서도 깊은 인상을 받았을 것입니다. 그림13-5는 이런 국제적 교류의 현장을 보여줍니다.

토머스 언윈Thomas Onwhyn이 그린 이 작품에서 전형적인 영국식 복장을 한 브라운 부부 가족이 전시장에 들어서고 있습니다. 박람회를 구경하러 멀리 시골에서 상경한 이들 곁에는 다양한 국가의 복장을 한 외국인들로 가득하군요. 브라운의 딸은 러시아인이 손을 내밀어 인사를 건네자 깜짝 놀란 표정을 지으며 아버지의 옷자락을 붙들고 있습니다. 왼쪽의 아들은 처음 보는 흑인들의 모습에 화들짝 놀라 카탈로그를 떨어뜨리고 말았네요.

각국에서 온 관람객들에게 박람회는 엄청난 충격을 안겨주었습니다. 그들은 공업화를 이루지 않고는 미래에 강국으로 남을 수 없음을 두 눈으로 확인했습니다. 이에 따라 프랑스, 벨기에, 독일, 이탈리아, 미국 등 많은 국가들이 공업화에 박차를 가하게 되었고, 나폴레옹전쟁 이후에 성장한 민족주의* 감정이 국가 간의 경쟁을 부채질했습니다.

19세기 후반에 세계적으로 유행하여 지금까지 계속되고 있는 만국박람회는 이런 경쟁의 소산이었습니다. 프랑스의 상징인 에펠탑도 1889년 파리에서 개최된 만국박람회의 출입구 아치로 세워진 것이었죠.

이제 그림13-1로 돌아가볼까요. 이 그림은 18세기 후반과 19세기를 거치면서 영국이 누리게 된 전성시대를 3중으로 표현한 것입니다. 웰링턴 공은 강력한 경쟁국 프랑스를 누르고 군사강국의 지위에 오른 영국의 성취를 상징합니다. 빅토리아 여왕의 다산多産은 대영제국의 번영이 계속 이어지리라는 기대를 보여주지요. 마지막으로, 앨버트 공이 마음을 쏟았던 수정궁은 세계 최초의 산업국가가 탄생했음을 상징합니다. 이는 단지 막강한 공업생산력뿐 아니라, 멀리 남아메리카의 야생식물에서 힌트를 얻어 완전히 새로운 종류의 건축물을 창조해내는 지식기반경제*의 탄생을 보여주는 신호탄이었습니다.

14

수에즈운하의
개통

대운하, 세계 물류에
혁명을 일으키다

1869년 이전에 유럽인이 배를 타고 아시아로 가려면 기나긴 항로를 지나야 했습니다. 유럽 서부를 거쳐 남쪽으로 향한 후 아프리카의 긴 서안을 따라 끝까지 내려와 희망봉에서 꺾어 인도양에 들어서서 다시 먼 바닷길을 가야만 했지요. 이 불편함을 단번에 해소하는 방안이 바로 수에즈운하의 개통이었습니다. 지중해와 홍해를 연결하는 수로를 파면 유럽에서 단번에 아라비아반도에 이르는 물길이 열리는 셈이었죠. 20세기에 들어서 건설된 파나마운하와 더불어 수에즈운하는 국제물류의 발달사를 가장 화려하게 장식하는 초대형 사업이었습니다. 대운하의 건설로 운항시간과 비용이 크게 감소해 국제무역의 번영이 가능해졌지요. 조선에서 최제우가 동학을 창시하고 일본에서 메이지유신이 이루어진 직후에 개통한 수에즈운하는 19세기 후반 세계화를 급속히 진행시킨 원동력의 하나였습니다.

그림14-1 W. B. 사르드멀르, 「싱가포르의 다이버들」, 『일러스트레이티드 런던 뉴스』, 1872년

●

구릿빛 피부의 청년들이 나눠 탄 작은 목선들이 가까이 몰려 있습니다. 멀리 열대의 섬이 보이고 여러 척의 대형 선박들이 배경에 자리하고 있습니다. 일부 청년들은 너나 할 것 없이 물속으로 뛰어들고 있네요. 다른 일부는 누군가를 보면서 손짓을 하고 있습니다. 이들은 누구를 바라보고 있으며 왜 다이빙을 하고 있는 것일까요? 이 그림은 어느 시기, 어느 장소를 묘사한 것일까요?

　　　　　　　그림14-1은 1872년 영국 신문 『일러스트레이티드 런던 뉴스』에 실린 것입니다. 짧은 머리에 짙은 피부색이 인상적인 이 청년들은 말레이계 젊은이들입니다. 이들이 위치한 곳은 오늘날의 싱가포르, 휴양지로 널리 알려진 센토사섬으로 넘어가는 길목입니다.

이들이 손짓하는 대상은 항구에 새로 들어온 선박의 탑승자들입니다. 놀랍게도 청년들의 입에서는 동전을 던져달라는 말이 나옵니다.

"부자 나리들, 가난한 우리들에게 한 푼만 던져 줍쇼."

누군가가 바다로 동전을 던지면 청년들은 앞다투어 물에 뛰어들어 동전이 바닥에 닿기 전에 건져내는 잠수 솜씨를 보여줍니다. 그림이 전하는 생기발랄하고 시원스럽기까지 한 인상과는 달리 그림의 주인공들은 푼돈을 얻기 위해 구걸에 가까운 행위를 하고 있는 것입니다. 아이들이 미군에게 "기브 미 쪼꼬렛"을 외치던 1950년대 우리나라의 풍경이 연상됩니다.

오늘날 세계적인 물류 허브이자 아시아의 금융 중심지로 이름이 높은 고소득 국가 싱가포르가 지금으로부터 불과 140여 년 전에 이렇게 보잘것없는 모습이었다는 점이 놀랍습니다.

싱가포르의 발전

사실 싱가포르의 발전은 역사가 매우 짧습니다. 1819년 영국인 관리 토머스 스탬퍼드 래플스가 동인도회사의 승인을 얻어 조호르왕국°과 조약을 맺고 인구 1000명에 불과했던 자그마한 어촌 싱가포르를 무역항으로 개발하기로 한 게 본격적 발전의 시작이었습니다. 영국이 그간 아시아시장에서 독점적 지배력을 행사하던 네덜란드를 밀어내고 무역업과 해운업에서 주도권을 잡기 위해서는 장거리 무역선이 이용할 중간 기착지의 개발이 필요하다는 판단에서였지요.

래플스는 목재와 담수의 공급이 수월한 말레이반도 남단의 싱가포르를 개발의 최적지로 선택했습니다. 곧이어 싱가포르는 규모가 훨씬 큰 항구도시인 말라카와 페낭과 경제적으로 연결되었고, 동인도회사의 통제권 아래에서 점차 무역항으로 성장해갔습니다.

「싱가포르의 정박지」(그림14-2)는 프랑스의 석판화가 아돌프 바요 Adolphe Bayot가 1846년에 묘사한 싱가포르 부두의 모습입니다. 총독의 관저를 건설할 부지를 묘사하고 있는데 이때까지도 이 항구가 얼마나 개발이 덜된 마을이었나를 여실히 보여줍니다.

싱가포르가 국제적 항구도시로 성장한 데에는 말레이반도에서 고무와 주석 생산이 늘고 중국 시장이 열린 점이 도움이 되었습니다. 하지만 무엇보다도 바타비아(오늘날의 자카르타)나 마닐라 같은 인근 항

TIP

조호르왕국
1528년에 말레이반도 남부에 건립된 작은 국가로 술탄이 통치했다.

192

그림14-2 아돌프 바요, 「싱가포르의 정박지」, 『픽토리얼 아틀라스』, 1846년

구들과 달리 싱가포르는 관세를 부과하지 않는 자유무역항이었다는 사실이 중요하게 작용했지요.

항구가 성장함에 따라 주변에서 인구가 몰려들었습니다. 중국인들이 가장 많았지요. 중국은 두 차례의 아편전쟁으로 나라가 어지럽고 일자리가 부족해 빈곤에 빠진 노동자가 넘쳐나던 상황이었어요. 그들은 열악한 노동조건과 저임금을 마다하지 않는 일용직 노동자로 고용되었습니다. 이들은 '고력苦力', 즉 고된 노동을 하는 인력이라는 의미로 '쿨리'*라고 불렸습니다. 쿨리는 아시아뿐만 아니라 멀리 남아프리카, 아메리카, 오스트레일리아까지 이동해 지역경제에 노동력을 제공

쿨리coolie
19세기~20세기 초 일자리를 찾아 이민을 간 아시아계 외국인 노동자를 칭한다. 중국인과 인도인이 가장 많았는데 저임금과 고된 노동으로 힘겨운 삶을 살았다.

했습니다. 지리적으로 훨씬 가까운 싱가포르에 이들이 특히 많이 몰린 것은 당연했습니다. 중국인에 이어 말레이인과 인도인도 많은 수가 싱가포르로 왔습니다.

세계 바닷길의 역사를 바꾼 수에즈운하 ———

그러나 국제 무역항으로서 싱가포르는 중대한 지리적 약점을 지니고 있었어요. 유럽의 장거리 무역선들은 대서양 남쪽으로 이동해 아프리카 남쪽 끝을 돌아 인도양을 거쳐 남중국해로 항해했습니다. 남중국해로 들어가기 위해서는 싱가포르 남쪽에 위치한 순다해협이나 북쪽에 위치한 말라카해협을 통과해야 했지요.

두 항로 중 말라카해협을 통과하는 항로만 싱가포르를 거치게 되어 있어요. 그런데 항해술이 발달하고 선박의 성능이 개선됨에 따라 아프리카를 멀리 돌아서 순다해협을 통과하는 선박의 비중이 높아졌습니다. 이 추세가 계속되면 싱가포르는 쇠퇴할 수밖에 없었지요. 19세기 중반 싱가포르가 정체를 맞은 것은 이 때문이었습니다.

이런 싱가포르의 고민을 해결해줄 열쇠는 예상치 못한 곳에 있었습니다. 1869년 11월 17일, 10년에 걸친 험난한 대공사 끝에 길이 193킬로미터의 수에즈운하°가 드디어 공식 개통되었지요. 정치적 분쟁, 노동력 부족, 콜레라 창궐 등을 극복하고 이룬 놀라운 성과였습니다. 그림14-3은 운하 개통식의 모습을 묘사한 비유적 그림입니다.

이집트의 총독 이스마일 파샤와 프랑스 나폴레옹 3세의 왕후 외제니 드 몽티조가 요트 위에서 만나고 있습니다. 하늘과 바다에서는 천사와 요정들이 이들의 만남을 축복하는 모습이 연출되고 있네요. 지중

TIP

수에즈운하
이집트 시나이반도 서쪽에 건설된 초대형 운하. 지중해와 홍해, 인도양을 이음으로써 아프리카 대륙을 우회하지 않고 아시아와 유럽이 바로 연결되는 통로라는 점에서 중요하다.

그림14-3 작자 미상, 「수에즈운하 개통식의 알레고리」, 1869년

해와 홍해의 만남, 유럽과 아시아의 만남이라는 의미를 강조하는 작품입니다.

　이 세계적인 대역사를 성공적으로 이끈 인물은 페르디낭 드 레셉스 Ferdianand de Lesseps였습니다. 그는 이집트에서 외교관으로 근무하던 중에 수에즈운하 건설을 기획하고서 1854년 이집트 국왕 사이드 파

그림14-4 A. 르모, 「레셉스의 캐리커처」, 『르몽드 푸르 리르』, 1868년

샤를 만나 개발 승인을 얻는 데 성공했습니다. 이어서 운하 건설의 기술적 타당성도 검증받음으로써 웅대한 공사의 첫발을 내딛게 되었습니다.

그는 회의적인 공학자들의 반대와 영국 정부의 방해를 극복하고 결국 지중해에서 인도양으로 이어지는 항로를 구축하는 데 성공했지요. 수에즈운하를 완공하고 20년이 지난 후에는 또다른 대역사인 파나마운하의 건설에 착수했지만 결국 재정적 문제와 정치적 갈등에 부딪혀 중도에 포기하고 말았습니다. 그렇지만 그는 세계를 지리적으로 단축시키는 데 결정적인 기여를 한 인물로 역사에 기록되기에 충분합니다.

그림14-4는 『르몽드 푸르 리르』라는 시사 잡지의 표지 그림으로 르모A. Lemot가 제작한 작품입니다. 레셉스가 굴착 장비를 들고서 배 위에 서 있습니다. 앞에서는 검은 피부의 '홍해'가 배를 끌고, 뒤에서는 흰 피부의 '지중해'가 배를 밀고 있습니다. 배경에 보이는 피라미드가 이곳이 이집트임을 말해줍니다.

세계 무역의 역사에서 수에즈운하의 개통만큼 막대한 영향을 끼친 사건은 드뭅니다. 무엇보다 유럽과 아시아를 잇는 항로가 혁명적으로 단축되었지요. 단번에 무려 7000킬로미터를 줄이게 된 것입니다. 운항 시간과 비용이 크게 줄어든 건 당연한 결과였지요. 1873년 프랑스 소설가 쥘 베른이 출간한 모험소설 『80일간의 세계일주』에서 주인공 필리어스 포그와 파스파르투의 여행일정을 가장 많이 단축시켜준 게 바로 수에즈운하였습니다.

인도네시아 자바에서 네덜란드 암스테르담에 이르는 운송비가 1870년에서 1913년 사이에 55퍼센트나 줄어들게 된 결정적 요인도 바로 수에즈운하였지요. 이렇듯 수에즈운하는 세계 시장을 하나로 통합시키는 데 핵심적인 역할을 했습니다. 다시 말해 수에즈운하의 건설은 19세기 후반에서 20세기 초반의 세계화 시대에 교통의 대혁명을 가져다준 대표적 혁신이었다고 하겠습니다.

수에즈운하가 끼친 영향 ──

수에즈운하가 끼친 두번째 중요한 영향은 범선*과 증기선*의 경쟁에 종지부를 찍었다는 점입니다. 증기선은 18세기부터 건조되기 시작했고 19세기 초에는 개량된 증기선이 대서양을 횡단하는 데 성공했습니다. 증기기관의 성능은 지속적으로 개선되었고 바람의 방향에 영향을 적게 받는다는 강점이 있었기 때문에 곧 증기선이 범선의 시대를 마감할 것처럼 보였지요.

그러나 증기선은 중대한 약점도 지니고 있었습니다. 범선의 경우 내부 공간을 거의 전부 화물을 싣는 데 쓸 수 있었지만, 증기선은 무거운 기관과 기계장치를 설치해야 했고 연료로 사용할 석탄이나 목재를 가득 실어야 했습니다. 장거리 항해 중간에 연료를 공급받을 기착항구가 부족하다는 점도 현실적인 문제가 되었습니다. 이에 따라 범선, 특히 더 많은 돛을 달고 짐을 실을 공간을 더 키운 개량된 범선은 19세기 중반을 넘어서까지 국제 해운의 주인공 자리를 잃지 않을 수 있었습니다.

그러나 수에즈운하의 개통은 상황을 완전히 뒤바꿔놓았습니다. 좁고 긴 운하를 통과하기 위해서는 증기선이 유리했고 항로가 짧아지자 풍향과 무관하게 항해할 수 있다는 장점이 더욱 부각되었지요. 초기에는 돛을 여전히 장착한 채 증기기관도 함께 사용하는 선박이 개발되

TIP

범선과 증기선
범선은 배 위에 설치한 돛으로 바람을 받아 나아가는 배이고, 증기선은 증기기관이 생산한 동력으로 움직이는 배이다.

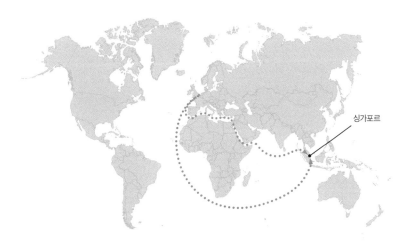

그림14-5 수에즈운하 개통 이전과 이후의 유럽-싱가포르 항로

싱가포르

었는데, 점차 돛 없이 증기기관만을 사용하는 선박의 비중이 높아져갔습니다.

　수에즈운하가 끼친 세번째 영향은 어떤 장거리 항로가 주도권을 갖느냐와 관련된 것이었습니다. 아프리카 남쪽 끝을 도는 대신에 수에즈운하로 홍해를 관통해 아라비아해로 빠져나온 선박에게는 말라카해협을 통과하는 것이 순다해협을 이용하는 것보다 훨씬 이득이었습니다. 이 같은 주도적 항로의 변경은 정체에 빠져 있던 싱가포르를 회생시키는 원동력이 되었지요.

싱가포르의 도약

　1869년부터 싱가포르는 유럽과 아시아를 연결하는 화물선과 여객

그림14-6 작자 미상, 「석탄을 채우는 노동자들」, 1873년

선이 반드시 거쳐야 하는 기착항구로서 북적대기 시작했습니다. 「석탄을 채우는 노동자들」(그림14-6)은 운하가 개통한 지 4년 뒤의 모습을 보여줍니다. 싱가포르항에 정박한 장거리 화물선이 필요로 하는 연료를 채워 넣는 장면입니다.

수많은 쿨리들이 야간에 불을 환하게 밝힌 채 힘든 노동을 하고 있습니다. 부두에서 배 안으로 석탄을 실어 나르는 모습이 힘겨워 보이는군요. 두 명의 백인이 앉아서 이들의 작업을 감독하고 있습니다. 후텁지근한 공기와 시커먼 석탄, 쿨리들의 몸을 타고 비처럼 흘러내리는 비릿한 땀이 그림에서 느껴지는 듯합니다. 이렇게 운반을 하고 나면 쿨리들의 손에는 1센트의 급료가 쥐여집니다. 참으로 값싼 노동력이 아닐 수 없죠.

이제 첫번째 그림14-1로 돌아가볼까요. 청년들에게 동전을 던져주는 이는 수에즈운하를 통해 항해한 끝에 싱가포르에 갓 도착한 증기선의 선원들이었습니다. 운하가 개통한 지 불과 3년밖에 되지 않은 시점이었지요. 빈곤에서 벗어나지 못한 젊은 동냥아치들이 항구에 넘쳐나고 있었습니다. 하지만 이 다이버들은 까맣게 모르고 있었습니다. 싱가포르 경제가 폭발적으로 성장하고 싱가포르가 세계적 물류 중심지로 자리매김을 하게 되는 역사적인 출발선상에 자신들이 서 있다는 사실을 말이죠.

15

제국주의
식민지 정책

야만의 문명화인가,
폭압적 지배인가?

- 1857 무굴제국 영국에 멸망
- 1861 이탈리아 통일
- 1863 고종 즉위, 흥선대원군 집권
- 1871 독일 통일
- 1876 강화도조약 체결
- 1884~85 청프 전쟁
- 1894 동학농민운동 | 청일전쟁 발발
- 1899 키플링 「백인의 짐」 발표
- 1900 중국 의화단 봉기
- 1904 러일전쟁 발발
- 1905 을사조약 체결
- 1911 중국 신해혁명 발발

1870년대부터 서구 열강은 지구상의 모든 대지와 대양을 식민지화하는 정책을 본격적으로 펼쳤습니다. 제국주의의 시대가 개막한 것이지요. 대다수의 국가가 이에 대항해 독립을 유지하려고 애를 썼습니다. 조선에서 흥선대원군이 실시한 쇄국정책도 외세를 거부하는 움직임이었지요. 그러나 군사력과 경제력이 월등한 열강의 무자비한 압박을 이겨낼 수 있는 국가는 거의 없었습니다. 제국주의 식민지 정책은 달리 표현하자면 강제적 세계화라고 볼 수 있습니다. 식민지화가 된 국가는 바깥세상이 어떻게 돌아가는지 알게 되었다는 면에서 세계화를 경험한 셈이었지만, 국가와 사회를 운영하는 권한을 제국주의 강대국에게 강압적으로 빼앗기는 치욕을 경험해야 했어요. 1870년대부터 제2차세계대전에 이르는 기간은 이런 제국주의 체제가 전 세계를 짓누르던 시기였습니다. 제국주의를 어떻게 이해하고 평가해야 할까요? 다양한 주장과 논의를 살펴보도록 하지요.

그림15-1 빅터 길럼, 「백인의 짐」, 『저지』, 1899년

험한 바위 언덕을 두 서양인이 땀을 뻘뻘 흘리며 힘겹게 오르고 있습니다. 그들이 등에 짊어지고 있는 바구니에는 다양한 인종과 국적의 사람들이 올라타 있군요. 이 사람들의 표정에서 자신들을 짊어진 이들에 대한 미안함이나 고마움은 찾아보기 힘드네요. 바위에는 '미신' '억압' '야만' '무지' '잔혹' '식인 풍습' 등이 새겨져 있습니다. 언덕 꼭대기에는 '문명'의 여신이 황금빛을 내뿜으며 앉아 있고요. 여신의 양손으로는 각각 '교육'과 '자유'를 보여주고 있습니다. 이 그림은 어떤 시대적 상황을 배경으로 한 것일까요? 화가가 보여주는 역사의식은 어떤 것일까요?

　　　　　　　　　　그림15-1은 영국 화가 빅터 길럼 Victor Gillam이 그린 「백인의 짐」이라는 작품입니다. 1899년 미국의 보수적 시사 잡지 『저지』에 실린 그림입니다. 미국이 세계적으로 팽창 정책을 본격화하던 때로, 쿠바와 푸에르토리코에 이어 필리핀에서 스페인 세력을 몰아내고 지배를 하게 된 시절이었습니다. 그림을 좀더 자세히 살펴볼까요.

　빨간 외투를 입은 존 불John Bull은 영국인을 대표하고, 줄무늬 바지를 입은 엉클 샘Uncle Sam은 미국인을 대표합니다. 앞서가는 존 불의 바구니에는 중국, 인도, 이집트, 수단 사람들이 들어 있고, 뒤따르는 엉클 샘의 바구니에는 필리핀, 푸에르토리코, 쿠바, 사모아, 하와이 사람들이 올라타 있습니다. 이 그림이 묘사하는 것은 영국과 미국의 제국주의* 정책입니다.

　'해가 지지 않는 제국'을 앞서서 건설한 영국을 뒤늦게 식민지 쟁탈전에 뛰어든 미국이 뒤따르고 있습니다. 이들이 경쟁적으로 향하고 있

TIP

제국주의

약소국을 강압적으로 정복하고 통치함으로써 이익을 얻고자 하는 강대국의 공격적 대외정책과 이를 뒷받침하는 사상. 특히 19세기 후반~20세기 초반에 열강들이 지구 곳곳을 지배한 시대를 배경으로 한다.

는 목적지는 바로 '문명'입니다. 화가는 영국과 미국이 미개한 후진국들을 개화시키는 과정으로 19세기 말 제국주의를 이해했습니다. 이런 숭고한 뜻을 모른 채 후진국 사람들은 고마워하기는커녕 오히려 투정을 해대기 일쑤였지요. 하지만 제국주의 국가들은 이에 개의치 않고 묵묵히 문명화된 세계로 이들을 이끌고 있습니다.

서구 중심적 사고가 담긴 이야기 ─────

이 그림은 영국 작가 러디어드 키플링Rudyard Kipling이 같은 해에 발표한 동일한 제목의 시를 시각화한 것이었습니다. 『정글북』의 저자로 잘 알려진 키플링은 이 시에서 서구 중심적이고 백인 우월주의적인 색채를 유감없이 드러냈어요. 식민지 주민들은 "절반은 악마, 절반은 어린애"와 같아서 백인들이 가져다주고자 하는 문명개화, 경제발전, 질병정복의 가치를 몰라보고 그저 원망과 불평만 쏟아냅니다.

하지만 백인들은 "그대가 개선시킨 자들의 비난, 그대가 보호해준 자들의 증오, 그대가 웃음을 보냈던 자들의 고함"을 탓하지 말고 더욱 인내하고 노력해서 이 불쌍한 미개인들을 영원한 '빛'으로 인도해야 한다는 내용을 담고 있습니다. 오늘날의 기준으로 보면 참으로 뻔뻔한 제국 찬미자의 주장이라고 말할 수 있겠지요.

물론 당시에도 제국주의적 식민지 정책에 대해 모든 사람들이 이렇게 긍정적으로 평가를 내린 것은 아니었습니다. 예를 들어 키플링이 시를 발표한 해에 미국 시사 잡지 『라이프』는 길럼의 그림과 정반대의 이미지를 담은 그림(그림15-2)을 표지에 실었습니다. 윌리엄 워커 William H. Walker가 그린 이 그림에는 미국인, 영국인, 독일인이 각각

그림15-2 제국주의에 대해 비판적인 윌리엄 워커의 그림, 『라이프』, 1899년

필리핀인, 인도인, 아프리카인의 어깨에 올라타 있습니다. 제국주의자들의 큰 체구와 여유로운 표정이 식민지인의 마른 체구와 힘겨워하는 표정과 강렬한 대조를 이루고 있네요.

과연 앞의 두 그림 가운데 어느 것이 현실을 더 잘 반영한다고 볼 수 있을까요? 오늘날 절대 다수의 역사가들은 후자의 손을 들어줍니다. 은밀한 방식으로 제국주의의 긍정적 측면을 내보이려는 역사가가 전혀 없는 것은 아니지만, 제국주의가 보여준 패권주의와 식민주의에 대한 학계와 사회의 평결은 압도적으로 부정적입니다.

제국주의의 본질

그렇다면 제국주의의 본질은 무엇일까요? 이에 대해서는 생각보다 견해가 다양한 것 같습니다. 우선 제국주의를 서구 열강이 자국의 경제적 이익을 추구하는 방편이라고 보는 견해가 있습니다. 강대국이 자국의 생산품을 판매하고 식량과 원료와 노동력을 공급받고 자본을 투자해 이익을 뽑아내는 대상으로 식민지를 이용하는 것이 제국주의의 핵심이라는 것입니다.

이런 주장은 사회주의 혁명가 블라디미르 레닌*에 의해 가장 강렬한 형태로 제기되었습니다. 자본주의 경제에서는 자본가 사이의 경쟁이 치열해지면서 점차 이윤이 낮아지는 상황이 발생하는데 이 문제를 해외 식민지 확보를 통해 늦춰보려는 행위가 제국주의 정책이라는 것입니다.

그림15-3의 「식민지를 지배하는 방식」은 독일 화가 토마스 하이네 Thomas T. Heine가 잡지 『짐플리치시무스』에 실은 작품입니다. 이 그

TIP

블라디미르 레닌
Vladimir Lenin,
1870~1924
러시아의 혁명가이자 소련의 초대 통치자. 마르크스의 사회주의 사상을 계승하고 이를 토대로 러시아에서 혁명을 일으킨 인물이다.

그림15-3 토마스 하이네, 「식민지를 지배하는 방식」, 『짐플리치시무스』, 1904년

그림15-4 토마스 하이네, 「식민지를 지배하는 방식」, 『짐플리치시무스』, 1904년

림에서 영국의 상인 및 군인과 성직자는 각자의 역할을 통해 아프리카인을 말 그대로 쥐어짭니다. 그 과정에서 아프리카인의 입에 들어간 술이 금화로 재탄생하고 있네요.

지구상의 낯선 지역에 무역망을 만들고 무력으로 지배하고 개종을 시키는 모든 작업의 궁극적인 목적은 경제적 이익의 획득이라고 말하는 듯합니다. 이 화가는 식민주의 자체에 대해 부정적이었을까요? 아니면 식민지 쟁탈전에서 뒤처졌던 독일을 대표해서 영국식 식민주의를 비판하고 독일식은 더 낫다고 말하고 싶었던 것일까요? 이에 대한 판단은 쉽지 않습니다.

『짐플리치시무스』가 현실 비판에 치중한 잡지였고 한때 황제 빌헬름 2세로부터 논조가 마음에 들지 않는다는 이유로 탄압을 받기도 했다는 사실을 놓고 보면, 아마도 화가는 제국주의 정책 자체에 대해 비판적 견해를 가졌던 것 같습니다. 하지만 이 그림과 함께 실린 그림을 보면 그 생각이 흔들리는군요. 독일의 식민지에서는 야생동물들도 질서를 이루게 된다는 내용의 그림(그림15-4)이기 때문입니다. 반제국주의적인 듯하기도 하고 친제국주의적인 듯하기도 한 이런 양면성은 어쩌면 제국주의 후발국으로서 독일이 어쩔 수 없이 지니게 된 입장이었는지 모릅니다.

제국주의에 대한 논쟁   ——

식민지의 경제적 가치에 대해서 19세기 말부터 여러 제국주의 국가에서 논쟁이 벌어지곤 했습니다. 흥미롭게도 식민지 지배가 본국에게 기대만큼의 경제적 이익을 가져다주지 않았다는 주장이 적지 않았어

그림15-5 영국 포스터 「오늘의 정글이 내일의 금광」, 1927년

요. 오히려 손해가 더 컸다고 목소리를 높이는 이도 있었습니다. 경제
적 계산 자체가 쉽지 않아서 논쟁 당사자 모두의 동의를 얻기에 어려
움이 있었을 것입니다.

　어쨌든 이 주제가 열강에게 중요한 정치적 논쟁거리였다는 증거
로 그림15-5를 들 수 있습니다. 1927년 영국에서 제작된 포스터인데,
「오늘의 정글이 내일의 금광」이라는 제목을 달고 있습니다. 이 포스터
는 열대 아프리카의 식민지에 대한 영국의 무역수지를 상세히 보여줍
니다. 영국의 입장에서 볼 때 식민지로의 수출이 식민지로부터의 수입

보다 컸다는 점을 과거 30년 동안의 통계를 통해 강조하고 있습니다.

물론 식민지 운영의 경제적 비용과 편익을 단순히 무역수지*만으로 측량할 수는 없습니다. 전쟁과 지배와 행정과 관련된 수많은 요인을 함께 고려해야 타당하기 때문입니다. 식민지의 경제적 가치는 이래저래 끊임없는 논쟁의 대상이 될 수밖에 없었습니다. 이런 배경에서 경제적 요인 대신에 정치적 요인에 초점을 맞춰 제국주의를 바라보는 견해가 등장했습니다.

서구 국가들은 19세기에 경쟁적으로 공업화를 진행하는 과정에서 민족주의를 국가 역량을 동원하는 추동력으로 삼곤 했습니다. 특히 뒤늦게 통일국가를 이루고 공업화에 박차를 가한 독일과 이탈리아에서 이런 움직임이 가장 거셌지요. 19세기 말이 되면 국가 간의 민족주의가 단순한 경쟁을 넘어 적대적이고 호전적인 감정을 불러일으키게 됩니다. 이런 상황 속에서 각국의 지배 권력이 식민지 쟁탈전에서 경쟁국들을 꺾음으로써 자국민들의 민족주의 열망에 부응하고자 한 것이 제국주의의 본질이라고 이 견해는 강조합니다.

서구 열강의 지배 방식

그렇다면 열강은 상대적으로 소수의 인력만으로 어떻게 광대한 아시아와 아프리카 지역을 통치할 수 있었을까요? 기관총과 자본력과 같은 지배 수단을 갖추는 것도 중요했겠지만, 그보다 심리적 요인이 더 중요했다는 주장이 설득력 있게 들립니다. 식민지의 피지배자들이 제국주의 본국의 지배자를 어떻게 인식했느냐가 중요했다는 것입니다.

지배자는 강인하고 진취적이고 판단력과 지식과 교양을 갖춘 존재

그림15-6 자바에서의 사냥 장면, 『일러스트레이티드 런던 뉴스』, 1904년

로 보이는 데 반해, 피지배자는 스스로 피동적이고 나약하고 무지한 존재라고 여기게 되는 과정을 통해 심리적 통치기제가 완성됩니다. '오리엔탈리즘'*에 입각한 이런 열등감과 패배주의가 다수에 대한 소수의 지배를 가능하게 만든 힘이었다는 주장입니다.

그림15-6은 1904년 영국의 한 신문에 실린 삽화로, 인도네시아 자바섬에서 있었던 호랑이 사냥을 보도한 것입니다. 서구인들이 주도한 이런 행사는 제국주의자들의 강인함을 과시함은 물론, 야만에 대한 질서의 승리라는 이미지를 부각시키는 효과를 노린 것이었지요. 물리적 지배체제에 앞서 심리적 지배체제를 만들어가는 과정이었습니다.

마찬가지로 1911년 영국의 조지 5세는 인도를 방문했을 때 사냥에 몰두해 11일 동안 호랑이 39마리와 코뿔소 18마리를 잡았습니다. 야수의 사체를 배경으로 촬영한 수백 장의 사진들은 영국은 물론 인도 곳곳에서 전시되었어요. 영국이 제국을 통치할 힘과 자격을 갖춘 국가라는 인상을 식민지 인도인들에게 각인시키기 위한 홍보수단이었습니다.

제국주의에 대한 평가 ———

제국주의 시대에 서구 열강은 지구 전역을 남김없이 분할하고 식민지화했습니다. 그들은 자국의 군사력을 동원해 강압적으로 지배체제를 구축했습니다. 자국의 제도와 기술과 자본도 들여왔지요. 그리고 새로 도입한 체제가 기존 체제보다 우월하다고 교육시켰습니다.

세계화의 관점에서 볼 때, 제국주의 식민지 정책은 피지배자들의 의사를 거스르면서 진행된 강제적 세계화 과정이었습니다. 식민지 주

오리엔탈리즘

서구를 우월한 존재로 여기고 동양을 열등한 존재로 여기는 이분법적 사고로 서구의 제국주의적 지배를 정당화하는 기제로 사용되었다.

민들은 이제 세계가 어떻게 돌아가고 있는지, 그리고 세계에서 통용되는 제도가 무엇인지에 대해 더 많은 지식을 얻게 되었어요. 일부 주민은 변화 속에서 기회를 포착해서 경제적 이익을 얻기도 했습니다. 그러나 부분적으로 나타나는 이런 긍정적인 측면에도 불구하고, 주권의 상실을 동반해 이루어지는 억압적 방식의 세계화에 대한 역사의 평가는 준엄합니다. 자발성에 기초하지 않은 세계화는 많은 사람들에게 고통을 안겨주며 결코 용인되어서는 안 된다는 것입니다.

16

중국과 일본의
패권경쟁

청일전쟁,
동아시아 정세를 일시에 뒤집다

19세기 말 세계의 세력판도는 격렬하게 요동쳤습니다. 공업화와 군
사력 강화를 신속하게 이룬 국가들과 이에 뒤쳐진 국가들 사이에
힘의 균형이 깨졌어요. 오랜 역사를 통해 세계적 강대국의 지위를
놓치지 않았던 중국이 아시아의 동쪽 끝에 위치한 작은 국가 일본
에게 전쟁에서 패배하는 날이 온 것입니다. 1894년 조선의 동학농
민운동을 빌미로 시작된 청일전쟁은 한반도를 포함한 동아시아의
판세를 일거에 뒤바꾸어놓았어요. 치욕스런 패배를 맛본 청은 사회
적 혼란 속에서 쇠망의 길에 들어서게 됩니다. 반대로 기세를 올린
일본은 한반도의 지배권을 놓고 새로 부상하는 러시아와 또다른 전
쟁을 준비하기 시작했어요. 우리나라의 운명이 주변국들에 의해 좌
지우지되던 아프고 슬픈 시절의 모습을 들여다볼까요.

그림16-1 미즈노 도시카타, 「청 북양함대 제독 정여창의 최후」, 1895년

●

청나라의 전통복장을 차려입은 인물이 중국풍으로 꾸며진 방에서 호랑이 가죽이 덮인 의자에 앉아 있습니다. 한 손에 술잔을 들고서 고개를 돌려 베란다 밖을 내다보고 있군요. 눈 덮인 나무가 겨울임을 알려줍니다. 멀리 바다 위에서 함선이 시커먼 연기에 휩싸여 있습니다. 이 그림은 어떤 역사적 상황을 묘사한 것일까요? 이 그림의 주인공은 누구이며 무슨 생각을 하고 있을까요?

이 그림의 배경은 1895년 2월 초이고, 주인공은 청나라의 북양함대*를 지휘하는 제독 정여창丁汝昌입니다. 청과 일본이 동아시아의 패권을 놓고 벌였던 전투의 결과를 이 그림은 묘사하고 있습니다. 청일전쟁*의 격전장이었던 산둥반도의 웨이하이웨이威海衛 해전에서 청은 치욕적인 패배를 맛보았습니다. 아시아 최고의 전력이라고 자부하던 북양함대가 일본 해군에 참패하자 정여창은 일본군에게 항복하고 남은 전함과 군사물자를 일본에 양도해야 했지요.

굴욕을 참기 어려웠던 정여창은 집무실로 돌아와 패전의 치욕에 몸서리치며 독배를 마시고 죽었습니다. 몇몇 부하 장군들도 뒤따라 죽음을 택했어요. 이 우키요에*는 정여창이 독배를 마시기 직전을 그리고 있습니다. 화염에 휩싸인 자신의 함선을 마지막으로 회상하는 장면을 묘사한 것이지요. 일본 전통 목판화인 우키요에는 서양에서 들어온 인쇄술에 밀려 고전하다가 이 시기를 전후해서 일시적으로 인기가 부활

TIP

북양함대北洋艦隊
청나라 말기인 1871년에 구축된 현대화된 해군함대. 이홍장의 지원으로 건립되었으며 서해를 주요 작전 범위로 삼았다.

청일전쟁
1894년 6월~1895년 4월 사이에 청나라와 일본이 다툰 전쟁.

우키요에浮世繪
일본 에도시대에 서민 계층 사이에서 널리 유행한 목판화로 훗날 유럽 인상주의 화가들에게 깊은 영향을 미쳤다. 우키요에는 덧없는 세상을 묘사한 그림이라는 뜻이다.

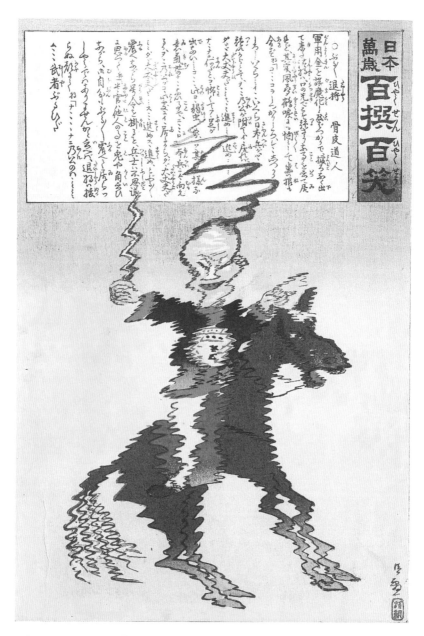

그림16-2 고바야시 기요치카, 「전기 충격을 당한 만주인」, 『일본만세 백찬백소』, 1895년

하기도 했습니다.

일본의 화가 미즈노 도시카타水野年方가 제작한 이 그림에는 비장한 기운이 가득합니다. 일본으로 귀화하라는 유혹을 뿌리치고 죽음을 택한 적장에 대해 화가가 나름의 경의를 표한 듯합니다.

미즈노와 달리 대부분의 일본 화가들은 청나라를 지극히 부정적으로 묘사했습니다. 적국을 조롱과 멸시의 대상으로 삼는 것은 당연했습니다. 「전기 충격을 당한 만주인」(그림16-2)은 같은 해에 고바야시 기요치카小林清親가 잡지에 실은 만평입니다.

당시 일본에서는 서구로부터 소개된 전기가 한창 보급되고 있었습니다. 전력회사들이 앞다투어 설립되면서 전기의 놀라운 특성이 알려지던 시기였지요. 한반도에서 최초의 전력회사인 한성전기회사가 설립되기 3년 전이었습니다. 화가는 서구 기술문명의 상징처럼 여겨졌던 전기를 그림에 재치 있게 활용했습니다. 말을 타고 칼을 든 모습을 한 청의 관리가 전기충격을 받는 모습을 표현한 것입니다.

청일전쟁의 발발과 일본의 세력 확장

청이 받은 충격은 실제로 대단했어요. 일본이 1867년 메이지유신● 이후 서구의 기술과 제도를 빠르게 도입해왔고, 군사력을 키워 동아시아 패권국가로서의 청의 지위를 흔들어온 사실을 모르는 바 아니었지요.

청은 이미 1870년대에 류큐(지금의 오키나와)와 타이완 일부의 통제권을 일본에게 넘겨준 상황이었습니다. 그러나 한반도에서는 우위를 잃지 않았다고 자부하고 있었지요. 1882년 임오군란과 1884년 갑신정변에서 조선 정치에 깊이 개입함으로써 자국의 지배력을 가시적으

TIP

메이지유신
일본에서 개항의 책임을 둘러싼 투쟁 끝에 지방 무사들이 막부를 타도하고 왕정을 복고한 사건. 신분제도의 타파와 서양 문물의 도입 등 과감한 개혁이 뒤따랐다.

그림16-3 고바야시 기요치카, 「중국 대표 이홍장과의 협상」, 1895년

로 확인했던 것입니다.

하지만 불과 10년 후 조선에서 동학농민운동이 발발하면서 정세는 다시 요동쳤습니다. 농민운동의 확산에 위기를 느낀 고종은 청에 파병을 요청했고, 이에 대응해 일본도 군대를 파견했어요. 6월부터 한반도와 주변 지역에서 전투가 벌어졌습니다. 아산만 앞바다, 평양, 압록강 어귀, 랴오둥반도의 뤼순旅順, 산둥반도의 웨이하이웨이에서 일본은 계속해서 승리했습니다. 이즈음 서구 열강이 중재에 나섰지요.

그 결과 청의 이홍장李鴻章과 일본의 이토 히로부미伊藤博文가 시모노세키에서 종전협상을 하게 됐습니다. 그림16-3은 고바야시 기요치카가 그린 협상 장면입니다. 청나라 대표 이홍장과 일행은 전통식 복장으로 참석했고, 일본 대표 이토 히로부미와 그 일행은 서구식 제복을 입고 참석했군요. 가운데에 선 미국 외교관이 회담을 중재하고 있습니다. 이 모습은 서구화에 나서 군사기술과 제도의 개혁을 이룬 일본이 전통적 질서와 관습을 고수한 중국에 우위를 보였다는 사실을 상징적으로 보여주는 듯합니다.

결국 양 진영은 조약에 서명했습니다. 조약의 결과로 청은 배상금으로 일본의 4년치 예산과 맞먹는 거액 2억 냥을 일본에 지불하고, 랴오둥반도와 타이완을 일본에 넘겨주었을 뿐 아니라 조선 지배권을 후퇴시켜야만 했습니다. 시모노세키 조약의 체결은 청의 동아시아 지배권에 치명적인 충격파가 미쳤음을 보여준 역사적 사건이었습니다.

일본의 급부상에 서구 열강들은 긴장했습니다. 동아시아에 눈독을 들이고 있던 러시아, 프랑스, 독일 세 나라는 힘을 합쳐 일본을 압박하기로 결정했지요. 그들은 서해에 함대를 집결시켜놓고서 일본에게 랴오둥반도의 영유권을 청에게 반환하라고 요구했습니다. 이 '삼국간섭'에 대항할 만한 힘을 갖추지 못했던 일본은 하는 수 없이 이 요구를 수용해야 했지요. 그러나 세 국가가 힘을 모아 일본을 압박했다는 사실은 일본이 이제 만만치 않은 세력이 되었음을 보여주는 것이기도 했습니다. 특히 러시아는 동아시아 패권을 놓고 머지않아 일본과 최종 승부를 겨루게 될 것임을 깨닫게 되었지요.

청에 드리운 열강의 그림자 ⎯

청일전쟁을 계기로 청과 일본의 위상은 완전히 달라졌습니다. 청은 열강의 손에 자국의 이권들을 하나둘씩 빼앗기면서 망국의 그림자가 짙게 드리워졌어요. 이와 반대로 일본은 공업화와 군사화에 박차를 가

그림16-4 앙리 마이어, 「중국, 왕과 황제들의 파이」, 『르 프티 주르날』, 1898년

하였습니다. 청에게 받은 배상금의 약 80퍼센트를 군비확충에 사용하였고 나머지의 대부분을 제철, 전기, 철도 등 산업시설 확장을 위해 지출했습니다. 그리고 이를 바탕으로 주변국에 대한 지배력을 한층 더 강화시켜갔습니다.

프랑스 신문『르 프티 주르날』에 실린 만평「중국, 왕과 황제들의 파이」(그림16-4)가 1898년의 상황을 잘 보여줍니다.

청나라 관리가 두 손을 번쩍 들고서 분노에 찬 표정을 지으며 서 있고, 그 앞에 중국이라는 큰 파이를 둘러싸고 다섯 열강의 대표들이 앉아 있습니다. 맨 왼쪽에는 영국의 빅토리아 여왕이 파이의 가장 큰 몫을 차지하려는 듯 손바닥을 편 자세를 취하고 있네요. 그 옆에서 빅토리아 여왕과 눈길을 부딪치고 있는 인물은 독일의 빌헬름 2세입니다. 그는 자오저우만膠州灣 지역에 칼을 박았군요. 1897년에 독일은 자국 선교사가 살해된 사건을 핑계 삼아 산둥반도 남쪽의 자오저우만을 무력으로 점령하고서 이듬해에 청으로부터 99년간의 조차권을 얻어냈습니다. 칭다오青島가 포함된 지역이지요.

다음으로 러시아의 니콜라이 2세가 앉아 있습니다. 그도 한손에 칼을 쥔 채 파이에 눈독을 들이고 있습니다. 그 뒤로 프랑스의 상징인 마리안이 유일하게 칼을 들지 않은 모습으로 등장했네요. 니콜라이 2세의 어깨에 손을 올려놓은 모습이 1894년 프랑스와 러시아 간에 체결한 동맹관계를 상기시켜줍니다.

마지막으로 일본의 사무라이가 칼을 내려놓고 턱을 손에 괸 채 파이를 뚫어지게 바라보고 있습니다. 그의 시선은 니콜라이 2세 앞에 있는 아서항Port Arthur이라고 적힌 파이 조각에 꽂혀 있군요. 아서항은

뤼순항의 별칭으로, 러시아가 일원으로 참여한 삼국간섭으로 인해 일본이 아쉬움을 뒤로하고 청에 반환을 해야만 했던 랴오둥반도의 항구 도시입니다. 사무라이의 눈초리에서 이 땅에 대한 짙은 아쉬움과 소유욕이 동시에 묻어납니다.

동아시아 패권의 이동 ———

청일전쟁은 동아시아의 정치·경제·군사적 중심축을 중국에서 일본으로 이동시킨 중대한 역사적 전환점이었습니다. 청에서는 이미 아편전쟁과 태평천국운동*을 계기로 서양의 군사기술을 도입하자는 목소리가 높아졌습니다. 이홍장과 같은 관료들은 중국 전통의 가치를 유지한 채 서양 문물만을 도입해 부국강병을 이루자는 양무운동*을 전개했습니다. 이런 전략에 따라 군수산업이 육성되고 직물업, 교통업, 광업에 투자가 이루어졌지요.

그러나 양무파 관료들이 중앙권력을 차지하지 못한 채 분열된 상태로 각자 개혁을 추진한 까닭에 운동의 효과가 크지 못했습니다. 이런 약점은 청일전쟁에서 패배하는 결과로 나타났지요. 일본이 중앙집권적 체제를 정비하고 서구의 군사기술을 체계적으로 도입해 군대를 성공적으로 근대화했던 것에 비해 중국의 성과는 미미했던 것입니다.

패전 이후 청에서는 변화의 바람이 불었습니다. 서구 문물의 도입만으로는 불충분하며, 정치, 교육, 사회제도의 전면적 개혁이 함께 이루어져야 한다는 변법자강운동*이 등장했지요. 그러나 이 움직임도 충분치 못해 결국 청은 몰락의 길에서 벗어나지 못하게 됩니다.

한편 타이완은 시모노세키조약에서 일본에 주권을 넘기도록 결정되

TIP

태평천국운동1851~62
1851년 청나라의 홍수전(洪秀全)과 농민군이 이상사회 건설을 내걸고 진행한 봉기. 14년간 세력을 과시했으나 청군과 외세의 공격으로 무너졌다.

양무운동洋務運動
19세기 후반 청나라에서 일어난 근대화 운동. 중국의 정신은 유지하되 서양 문물을 수용해 부국강병을 이루고자 했으나 효과는 제한적이었다.

변법자강운동變法自彊運動
1898년 시작된 청나라의 정치·사회 개혁운동. 과거제도를 폐지하고 새로운 교육기관을 설립하였고 정치 개혁을 논의했으며, 과학, 산업, 상업의 발달을 추진했다.

그림16-5 「한국의 닭싸움—갈색 곰: '하! 누가 이기든 내 저녁거리가 될 거야!'」, 『펀치』, 1894년

었습니다. 이에 타이완인들은 일본에 할양되기를 거부하고 저항했어요. 하지만 끝내 일본에 의해 점령을 당해 식민지화되고 말았습니다.

일본은 거액의 배상금과 할양받은 영토를 이용하여 금융제도를 정비하고 중공업을 육성하고 군비 확충에 속도를 냈습니다. 앞으로 일본이 신흥 강자 러시아와 승부를 벌이기 위해 반드시 필요한 조치였지요. 일본으로서는 러시아를 꺾어야만 조선을 식민지화하고 이어서 만주와 중국으로 발을 뻗을 수 있다고 판단했습니다. 그러나 러시아는 결코 만만한 상대가 아니었습니다.

영국의 시사 잡지 『펀치』에 실린 만평(그림16-5)은 한반도를 둘러싼 열강의 힘겨루기를 동물에 빗대어 그린 것입니다. 청일전쟁이 발발한 직후에 발표된 이 그림에서 몸집이 큰 중국 닭과 사무라이 갑옷을 입은 일본 닭이 서로를 노려보고 있군요. 이 일촉즉발의 상황을 느긋하게 바라보고 있는 동물은 러시아를 상징하는 갈색 곰입니다. 중국과 일본 가운데 어느 국가가 승리하든, 결국은 자신의 먹이가 될 것이라 상상하며 침을 흘리고 있습니다.

우리나라의 상황은 점차 헤어나기 힘든 소용돌이로 빠져들었습니다. 청일전쟁으로 일본이 청에 대한 우세를 보였으나, 곧이어 삼국간섭이 발생하면서 조정은 러시아의 잠재력을 다시 평가하게 되었지요. 그리하여 친러파가 새로이 등장했습니다. 이에 위협을 느낀 일본이 명성황후를 시해(을미사변)함으로써 다시 한반도의 저울의 추는 일본 쪽으로 기울게 되었지요. 외세에 효과적으로 대항할 힘을 갖추지 못했던 조선이 믿고 의지할 수 있는 국가는 이 세상에 하나도 없었습니다. 지독히도 냉혹한 국제질서였던 것이지요.

제국주의시대, 즉 강제적 세계화의 시대인 19세기 말에서 20세기 초에 한반도를 배경으로 쇠락해가는 청, 기세를 올리고 있는 일본, 새로 부상하는 러시아의 세 나라 간에 피 말리는 두뇌싸움과 힘겨루기가 우리 뜻과 무관하게 펼쳐지고 있었습니다.

17

러시아혁명의
시작과 끝

지상 최대의 체제실험,
결국 실패로 끝나다

1917~91은 세계사에서 아주 독특한 시기입니다. 역사가들이 '짧은 20세기'라고 부르는 이 시기는 전 세계가 자본주의 진영과 사회주의 진영으로 나뉜 분열의 시대였어요. 이 시대의 시작을 알린 것은 러시아혁명이었습니다. 이후 제2차세계대전이 끝나면서 미국과 소련을 양극으로 하는 냉전체제가 형성되었고, 1980년대 말 개혁과 개방의 바람이 거세짐에 따라 결국 소련은 해체를 맞게 되었습니다. 이제 소련에 속했던 다수의 국가들은 자본주의를 받아들였지요. 20세기 초 러시아는 어떤 상황에 직면했기에 세계 최초의 사회주의 혁명을 경험하게 된 것일까요? 그리고 어떤 과정을 거쳐 사회주의 국가로서 입지를 굳히게 되었을까요? 아직까지 국가가 양분된 상태이고 세계적으로 드물게 냉전적 질서가 강하게 남아 있는 우리나라로서는 특히나 관심을 기울여 살펴보아야 할 역사적 사건이 아닐 수 없습니다.

그림17-1 모스크바에서 연설하는 레닌, 1920년

●

두 장의 사진이 있습니다. 얼핏 보면 같은 사진 같지만 서로 다른 부분이 있어요. 우선 공통된 영역을 봅시다. 나무로 만든 단상에 올라 군중에게 연설을 하는 인물이 있군요. 러시아혁명을 이끈 블라디미르 레닌입니다. 이제 차이점을 찾아볼까요. 자세히 보면 단상의 오른쪽에 위치한 계단 부분이 다릅니다. 위의 사진에서는 그 부분이 막혀 있는데, 아래 사진에는 그곳에 사람들이 몇 명 보이는군요. 그렇다면 어느 사진이 원본일까요? 원본이 아닌 사진은 왜 이렇게 변형이 된 것일까요?

지금으로부터 약 100년 전인 1917년 11월에 러시아에서 20세기 최대의 체제 실험이라고 부를 수 있는 대사건이 발생했습니다. 바로 러시아혁명입니다. 이 사건을 통상 '10월혁명'이라고도 부르는데, 혁명일이 당시 러시아가 사용하던 구력舊曆으로 10월이지만 오늘날의 달력으로는 11월 초에 해당합니다.

볼셰비키●의 붉은 군대●는 정부를 공격해 무너뜨리고 노동자, 농민, 병사의 대표자로 구성된 소비에트● 정권이 수립되었음을 선언했습니다. 혁명의 여파는 어마어마했어요. 전 세계가 자본주의 진영과 사회주의 진영으로 나뉘는 세계사적인 변화가 발생했지요. 소련이 붕괴되는 1991년까지 이어지게 될 '극단의 시대'가 개막한 것입니다. 1917~91년은 역사가들이 '짧은 20세기'라고 표현하면서 따로 시대를 구분할 만큼 인류의 역사에 독특한 색깔을 부여한 시기였습니다.

TIP

볼셰비키와 붉은 군대

볼셰비키는 다수파라는 의미로 러시아사회민주노동당에서 분리돼 나온 레닌 중심의 혁명주의적 정파이다. 붉은 군대는 1917년 혁명 이후 새로 창건한 소련의 군대를 말한다.

소비에트

러시아어로 대표자 회의를 뜻하는 용어. 역사적으로는 러시아혁명 때 노동자, 농민, 병사의 대표들로 구성된 자치기구다.

러시아혁명의 시작

러시아혁명은 어떻게 시작되었을까요? 1904~05년 러일전쟁에서 러시아는 국제무대의 다크호스였던 일본에게 쓰디쓴 참패를 맛봤습니다. 전쟁 이전에 이미 경기침체, 실업, 임금 저하로 불만이 가득했던 러시아 사회는 패전을 계기로 큰 균열을 일으켰지요.

1905년 초 상트페테르부르크의 노동자들이 시위를 벌이자 군대가 발포를 한 '피의 일요일' 사건이 발생했습니다. 노동자의 파업은 더욱 거세졌고 군인들도 반란을 일으켰지요. 로마노프 왕조°의 차르° 니콜라이 2세의 무마책과 혁명 세력의 분열로 인해 봉기는 일단 기세가 한 풀 꺾였지만 제국의 운명은 이미 돌이키기 어려운 지경으로 접어들고 있었습니다.

1914년 제1차세계대전이 발발하자 곧 러시아는 군사력과 경제력의 한계를 여지없이 드러내고 말았습니다. 전시동원령으로 농촌에서는 가축이 징발되었고 도시에서는 생필품이 부족하여 주민들의 삶이 궁핍해졌지요. 식량과 연료 부족은 일상사가 되었고 파업과 시위는 날로 규모가 확대되었습니다.

이렇게 사회 전체가 폭발 직전이었는데도 차르는 개혁 요구를 무시했고 무기력한 모습만 계속 보였습니다. 결국 노동자들의 시위와 군부의 반란이 확산되어 걷잡을 수 없는 수준의 대규모 봉기로 이어졌습니다. 이 '2월혁명'(3월 초)의 결과로 니콜라이 2세가 퇴위하게 되면서 로마노프 왕조는 300년 역사의 막을 내리게 되었지요.

다음 사진(그림17-2)은 마지막 차르가 남긴 마지막 사진 가운데 하나입니다. 퇴위 직후에 별궁의 정원에서 촬영한 이 사진에서 니콜라

TIP

로마노프 왕조
러시아에서 17세기 초부터 20세기 초까지 300여 년 동안 통치한 왕조. 러시아혁명으로 붕괴되었다.

차르tsar
슬라브계 국가에서 군주를 칭하는 용어. 고대 로마의 '카이사르'와 어원이 같다.

그림17-2 **퇴위 후에 찍은 니콜라이 2세의 사진, 1917년**

이 2세는 더이상 위엄 넘치는 차르의 모습이 아닙니다. 그루터기에 걸
터앉아 앞을 바라보는 그의 파리한 얼굴에 불안감이 스쳐지나가는 듯
합니다. 그는 이듬해에 처형당할 자신의 운명을 예감하고 있었던 것
일까요?

러시아혁명의 지도자들 ———

차르가 물러나자 보수적 인사들이 주축이 된 임시정부가 권력을 차지했습니다. 그런데 임시정부는 독일을 공격하려다가 오히려 참패했고 그에 따라 반정부 분위기가 고조됐지요. 이때 오랜 망명생활에서 돌아온 레닌이 혁명 지도자로서 두각을 나타냅니다.

볼셰비키는 군인과 노동자를 중심으로 무장시위 조직을 결성했습니다. 11월 6일 레온 트로츠키*의 지휘 하에 마침내 10월혁명의 과정이 시작됐습니다. 혁명군은 곧 임시정부의 거점인 겨울궁전을 함락하고 권력을 장악하는 데 성공했지요. 레닌과 볼셰비키의 혁명 세력은 전국 각지를 차례로 그들의 지배권 아래에 두게 되었습니다.

레닌은 어떤 인물일까요? 그는 카를 마르크스*의 주장에 깊이 영향을 받은 혁명 운동가이자 사상가였습니다. 그는 19세기 말 열강의 제국주의 식민지화 정책을 마르크스 이론의 연장선상에서 분석했습니다.

자본주의 세계에서 기업 간의 경쟁은 심해지기 마련입니다. 대중의 구매력은 생산물의 수요를 충족시키기에 점차 부족해지므로 기업이 얻는 이윤은 압박을 받게 됩니다. 이에 따라 자본가는 금융가와 결합해 자신의 생산물을 판매하고 자본을 투자할 대상을 나라 밖에서 찾아 나서게 되지요. 이것이 제국주의 식민지 쟁탈전의 본질이라는 게 레닌의 주장입니다.

그가 보기에 19세기 말 서구 자본주의는 누적된 내부적 문제가 폭발하기 직전의 상황이었고 제국주의는 이런 폭발사태를 지연하기 위해 자본가들이 고안해낸 교묘한 장치였던 것이지요. 제국주의는 최후의 단계를 맞은 자본주의가 드러낸 마지막 몸부림이라는 것이었습니다.

TIP

레온 트로츠키
Leon Trotsky,
1879~1940
러시아의 혁명가이자 공산주의 이론가로 1917년 혁명을 주도한 지도자 중 한 명이었다. 레닌이 죽은 후 스탈린에게 숙청되었다.

카를 마르크스
Karl Marx, 1818~83
19세기에 활약한 사상가. 철학, 역사학, 경제학을 두루 공부하고 사회주의 이론의 기초를 닦았다. 그의 사상은 이후 사회주의 혁명가들에게 엄청난 영향을 끼쳤다.

혁명 선전 포스터

　제국주의에 대한 레닌의 이러한 시각은 사회주의 혁명을 선전하는 포스터에 반영되곤 했습니다. 이 분야에서 발군의 솜씨를 발휘한 화가로 드미트리 무어Dmitry Moor가 있습니다. 그는 제1,2차세계대전 참전과 러시아혁명을 지지하는 선전 포스터를 많이 제작했어요. 그중 하나인 「세계 제국주의에 죽음을」(그림17-3)이라는 작품을 볼까요.

　시커먼 연기를 내뿜는 커다란 공장과 웅장한 건물이 한 몸체를 이

그림17-3 드미트리 무어, 「세계 제국주의에 죽음을」, 1919년

그림17-4 드미트리 무어, 「경계하라!」, 1921년

루고 있습니다. 이 몸체를 감싼 이무기 모양의 거대 괴수가 두 눈을 부
릅뜬 채 아가리를 벌리고 사람들을 공격하고 있군요. 서구 열강들이
키운 자본주의가 제국주의라는 무시무시한 괴수로 진화해 민중의 삶
을 위협하고 있음을 표현한 것입니다. 이 괴수를 상대로 용감하게 싸
우는 사람들은 노동자, 농민, 군인과 같은 민중입니다.

주위의 붉은 깃발들은 러시아혁명이 저항 세력들을 한데 묶는 힘임을 강조하고 있습니다. 포스터 아래쪽에는 러시아어로 "세계 제국주의에 죽음을"이라는 표어가 적혀 있네요. 무어는 시각적 선전 포스터가 지닌 효과를 누구보다 잘 이해하고 있었던 화가였습니다.

무어가 제작한 또다른 포스터(그림17-4)를 보지요. 러시아 지도를 배경으로 한 이 그림은 볼셰비키 붉은 군대의 병사가 총검을 들고서 침략군을 압도하는 모습을 묘사하고 있습니다.

포스터가 제작된 1921년은 혁명 세력이 여러 위협에 직면했던 해였습니다. 기근과 소요사태도 문제였지만 혁명의 움직임을 무너뜨리려는 세력이 더욱 직접적인 위협이었지요. 무어는 볼셰비키 병사의 당당한 발 앞에서 반혁명 세력들이 굴복하는 장면을 강렬하게 표현했습니다. 결국 볼셰비키는 반혁명 세력을 몰아내고 1922년 '소비에트 사회주의공화국연방', 즉 '소련'을 결성하게 됩니다.

그런데 자세히 보면 이 병사의 얼굴이 낯익습니다. 앞서 보았던 두 사진(그림17-1) 중 아래 사진의 계단에 서 있는 인물과 동일합니다. 바로 10월혁명 당시에 무장조직을 이끈 혁명가 트로츠키입니다. 화가는 유명한 혁명 지도자 트로츠키를 모델로 삼아 혁명의식을 고취하려 했던 것입니다. 그런데 원본 사진(그림17-1 아래)에 등장했던 트로츠키는 훗날의 사진(그림17-1 위)에서는 사라집니다. 도대체 무슨 일이 발생했던 것일까요?

권력자의 역사 지우기 ——

수수께끼의 발단은 레닌의 죽음이었습니다. 1924년 레닌이 사망하

그림17-5 붉은광장의 군중들, 1919년

자 후계자 지위를 놓고 이오시프 스탈린*과 트로츠키가 치열하게 싸움을 벌였습니다. 피를 말리는 권력 투쟁에서 승리한 스탈린은 곧 트로츠키를 숙청하고 국외로 추방해버렸지요. 그런데 이것으로 부족했는지 스탈린은 소련의 모든 기록에서 트로츠키의 흔적을 삭제하라는 명령을 내렸습니다. 사람들의 기억 속에서 과거의 경쟁자가 되살아날 가능성을 원천적으로 차단하려는 조치였지요.

스탈린의 역사 지우기 작업을 보여주는 사진 한 쌍을 더 볼까요. 1919년 모스크바의 붉은광장에서 혁명 세력의 퍼레이드를 관람하는 군중의 모습입니다. 원본(그림17-5 위)을 보면 중앙에 레닌과 트로츠키가 경례를 하는 모습이 보입니다. 그러나 수정이 가해진 사진(그림 17-5 아래)에서는 트로츠키의 모습이 감쪽같이 사라지고 없군요. 오늘날의 포토샵 작업에 비유할 만합니다. 이런 방식으로 수많은 사진들이 역사적 실제와 다르게 조작되었습니다.

러시아혁명 이후 소련의 역사는 우리가 익히 아는 바대로 흘러갔습니다. 소련은 계획경제* 체제를 형성하고 정부의 강력한 통제 하에 공업화와 경제발전을 추진했습니다. 그러나 통치자가 바뀌어도 정치는 늘 강압적이었고 국민의 인권은 늘 무시되었지요. 개인 인센티브의 결여라는 계획경제의 근본적 취약점도 극복하기 어려웠습니다. 지방 말단에서 올라오는 통계가 현실과 다르게 조작됐으므로 계획 자체를 제대로 세울 수도 없었고요. 결국 소련의 경제는 점차 발전 동력을 상실했고, 권력층은 해결책을 찾는 데 한결같이 무능했습니다. 마침내 1980년대 후반부터 소련 사회는 무너져 내렸고 1991년 거대한 체제 실험은 종말을 맞이하고 말았습니다.

TIP

이오시프 스탈린
Joseph Stalin,
1879~1953

소련의 정치가. 레닌 사후인 1927년 권력을 장악하고 1953년까지 소련을 강압적으로 통치한 인물이다.

계획경제

중앙집권적 정부가 짠 계획에 의해 통제적 방식으로 국가의 경제활동을 운영하는 체제. 생산과 분배를 포함한 모든 경제활동이 중앙정부에 의해 결정된다.

18

대공황과
자국우선주의 전략

자유방임, 극단화, 뉴딜 중
무엇을 택할 것인가?

글로벌 금융위기나 코로나19가 낳은 경제침체는 늘 1929년 대공황에 비유되곤 합니다. 그만큼 대공황은 인류의 뇌리에 강하게 심어진 경제위기의 원조 격이었습니다. 대공황이 발생한 시대는 제1차 세계대전이 끝난 이후 아직 세계질서가 다듬어지지 않은 시기였고, 열강들이 식민지체제를 굳건히 유지하던 때였습니다. 미국에서 시작된 대공황은 곧 전 세계로 전파되었어요. 수많은 은행과 기업이 파산하고 사람들은 실업과 저소득으로 힘겨워했습니다. 자국우선주의가 극에 달한 상황이었기 때문에 각국은 제 살길 찾기에 바빴지요. 특히 독일, 이탈리아, 일본은 우경화가 심화되어 결국 주변국을 침략하는 결정을 하게 되었습니다. 제2차세계대전의 시작이었지요. 각국의 대공황 탈출 전략들을 어떻게 평가해야 할까요? 왜 당시에는 국가들이 공조 체제를 형성하지 못했을까요? 코로나19의 영향으로 자국우선주의가 대두하는 오늘날, 우리는 대공황의 경험에서 어떤 교훈을 얻을 수 있을까요?

그림18-1 알프레도 크리미, 「우편 운송」, 워싱턴D.C. 소재 애리얼 리오스 연방 빌딩 벽화, 1937년

●

사람들이 분주하게 일하고 있습니다. 어린 소녀가 편지를 우편집배원에게 전달하고, 이를 자전거를 탄 집배원이 지켜보고 있네요. 오른쪽에는 상자를 카트에 싣는 인부들이 보입니다. 뒤쪽으로는 화물을 옮기는 이들이 있고 짐마차를 운전하는 이도 보이는군요. 그 뒤로는 기차가 지나가고 있고요. 다양한 운송수단을 이용하여 우편물을 나르기에 바쁜 사람들을 묘사한 이 그림은 어느 시대를 배경으로 한 것일까요? 또 얼마나 현실의 상황을 잘 묘사하고 있을까요?

이 그림은 알프레도 크리미Alfredo Crimi라는 미국 화가의 작품으로, 우편물을 옮기느라 분주한 거리의 풍경을 담고 있습니다. 그런데 이 풍경은 현실과는 거리가 멀었습니다. 그림이 제작된 해는 1937년, 미국이 대공황*의 깊은 그늘에서 벗어나지 못하고 있던 때였습니다. 수많은 사람들이 일자리를 찾지 못해 굶주리고 허덕이던 시기였지요. 이 그림은 화가가 실제 관찰한 현실이 아니라 마음 깊이 바라고 그리는 '완전 고용'의 호시절을 상상해서 그린 것입니다.

미국의 경제공황

화가가 당시에 처했던 상황을 알면 이 희망이 더욱 절절하게 느껴집니다. 1929년 대공황이 발생한 이래 미술작품에 대한 수요는 급격하게 줄어들었습니다. 미술시장이 침체됨에 따라 수많은 화가들이 생

뉴딜정책

대공황 극복을 위해 미국 루스벨트 대통령이 추진했던 정책. 정부가 경제활동에 적극적으로 개입하여 시장경제에 수정을 가했던 정책이다.

잭슨 폴록과 마크 로스코

20세기 미국 현대미술의 발전을 선도한 대표적 미술가들이다. 추상표현주의라는 사조를 이끈 것으로 평가받는다.

존을 걱정해야 하는 상황에 몰렸지요. 크리미도 마찬가지였습니다. 실업상태에 놓인 공장과 농장의 노동자들과 다를 바가 없었지요.

1932년 대통령에 당선된 프랭클린 루스벨트는 이듬해부터 뉴딜정책*을 실시했습니다. 구제·부흥·개혁을 모토로 삼고 여러 정부기구를 신설하여 경제 재건정책을 이끌도록 했지요. 1935년에 창설된 공공사업진흥국WPA은 대표적인 정부기구로서 수백만 명의 실업자에게 공공 일자리를 제공하는 역할을 했습니다.

공공사업진흥국이 실시한 사업 중에는 연방미술프로젝트라는 것도 있었어요. 전국적으로 100여 개의 센터를 마련하고 곤궁에 처한 미술가들에게 급료를 주고 벽화, 포스터, 조각, 사진 등의 작품을 제작할 기회를 제공했지요. 이 사업 덕택에 1만 명에 달하는 미술가들이 생계 걱정 없이 창작활동을 계속할 수 있었습니다.

총 20만 점에 이르는 작품이 이들에 의해 완성되었습니다. 「우편 운송」도 이 프로젝트의 일환으로 제작된 작품이었어요. 만일 이런 정책이 없었더라면 훗날 20세기를 대표하는 화가로 손꼽히게 되는 위대한 예술가들이 일찍이 붓을 버렸을지도 모를 일입니다. 잭슨 폴록*과 마크 로스코* 같은 명장들이 바로 이들입니다.

「우편 운송」이 우편물을 운송하는 모습을 소재로 삼은 데에도 특별한 이유가 있었습니다. 당시 정부는 화가들이 공공건물에 벽화를 그리도록 장려했는데 특히 정부가 소유한 많은 수의 우체국 건물들이 대상이 되었어요. 이 그림은 워싱턴 D.C.에 위치한 우체부 본부 건물을 장식하기 위해 제작되었습니다. 대공황 시기에 제작된 벽화들 중에 유독 우편 서비스와 관련된 작품이 많았던 데에는 바로 이런 이유가 숨어 있었습니다.

그림의 메시지 ───

「열대의 우편 서비스」(그림18-2)도 우편 업무를 주제로 한 벽화입니다. 록웰 켄트Rockwell Kent가 그린 이 작품은 파란색 중심의 강렬한 색감이 특히 인상적입니다. 그림에 등장하는 인물들이 동시대의 다른 공공벽화들과 달리 검은 피부를 하고 있다는 점도 두드러집니다. 미국의 우편비행기가 머나먼 푸에르토리코 주민들에게까지 우편물을 전달해준다는 것이 그림의 기본 주제입니다.

그림18-2 록웰 켄트, 「열대의 우편 서비스」, 1937년

그런데 이 그림에는 한 가지 특별한 부분이 있습니다. 머리에 천을 두른 여성이 전달받고 있는 편지에 낯선 문자로 몇 줄의 글이 적혀 있지요? 이 글은 알래스카의 한 사투리로 작성된 것으로, "나의 친구 푸에르토리코 인들이여! 나서라. 우두머리를 바꿔라. 그래야만 우리는 평등해지고 자유로워질 수 있다"라는 내용입니다.

당시 미국이 총독을 파견해 지배하고 있던 푸에르토리코에서는 민족주의적 저항운동이 전개되고 있었습니다. 수십 명의 시위대가 공격을 받아 사망하는 유혈사태까지 발생했지요. 이에 켄트는 저항을 지지하는 메시지를 그림에 담기로 결심했던 것입니다. 그림 속 편지의 내용이 알려지자 미국에서는 뜨거운 논쟁이 일어났습니다. 그림에 대한 비난이 쏟아졌지요. 예술을 빙자한 정치적 선전물이라는 비판도 있었고, 흑인만을 그려넣어 자국 이미지를 실추시켰다는 푸에르토리코 측의 인종주의적 공격도 있었어요. 또한 미국의 우편 서비스가 멀고먼 지역까지 이뤄지고 있음을 찬양하는 메시지로 바꿔야 한다는 주장도 나왔어요.

이런 비난들에 대해 사상적 검열이 아니냐는 역비판이 제기되면서 논쟁은 더욱 격렬해졌습니다. 결국 그림은 아무런 수정이 이뤄지지 않은 채 원형 그대로 남게 되었지만요. 당시 공공벽화들은 실업정책의 일환으로 제작되었지만 화가들은 공들여 작품을 제작했고 이렇게 제작된 벽화들 중에는 사회적으로 뜨거운 이슈가 된 작품도 있었습니다.

세계를 휩쓴 대공황 ——

대공황은 미국만의 문제가 아니라 대다수 국가들이 직면한 문제였습니다. 미국에서 뉴딜정책이 대공황을 극복하기 위해 실시되었다는 점은 두말할 나위가 없습니다. 그렇다면 세계적 경제위기를 돌파하기 위해 각국은 어떤 정책에 집중했을까요?

당시에는 경제 문제를 국제적으로 조율하는 공조체제가 전혀 갖춰져 있지 않았습니다. 열강들은 자국이 보유한 식민지와 보호령을 묶어 폐쇄적인 경제단위를 강화했어요. 그리고 자국우선주의 입장에서 각각 위기 타개책을 고민했습니다. 국가별로 살펴볼까요?

영국은 대공황 이전부터 이미 경제가 침체했는데, 대공황에 대해서도 적극적인 극복 방안을 마련하지 못했어요. 경제학자 케인스가 공공일자리 정책을 실시하자고 주장했지만, 정부는 재정이 악화될 것을 우려해 이를 받아들이지 않았습니다. 결국 전통적인 자유방임주의와 단절하지 못한 채 무기력한 모습으로 일관했지요. 한편 프랑스에서는 새로 집권한 정부가 무능력하게도 경기회복에 역행하는 정책들을 펼쳤습니다.

다른 국가들은 더욱 극단적인 선택을 했습니다. 독일에서는 1933년 히틀러가 중심이 된 '나치정권'*이 들어서서 국가가 개인의 경제활동에 제약을 가하는 형태의 자본주의 체제를 구축했습니다. 나치 정부는 경제 전반을 강력하게 통제했으며, 1935년부터는 군비 증강에 국가의 자원을 집중했습니다.

독일에 히틀러가 있었다면 이탈리아에는 무솔리니가 있었습니다. 무솔리니의 파시스트정권*도 나치가 그랬던 것처럼 국민생활 전반에 걸쳐 강력한 장악력을 보였고, 호전적 태도로 군비 증강에 몰두했습니다.

일본도 민주적 체제와는 거리가 멀어진 채 군사화의 길로 나아갔습니다. 만주사변*과 중일전쟁*으로 이어지는 일본의 침략정책은 유럽

TIP

나치정권과 파시스트정권

1930년대에 각각 독일과 이탈리아에서 권력을 차지한 정권. 둘 다 국가가 국민의자유를 제한하고 경제를 통제했으며 대외적으로 침략정책으로 나아갔다.

만주사변과 중일전쟁

1931년과 1937년에 각각 일본이 일으킨 침략전쟁. 대륙으로 뻗어나가려는 일본의 야욕이 전쟁이라는 형태로 현실화된 사건이다.

THEY'RE WATCHING US...
PLENTY!

THE STUFF "ON ORDER" DOESN'T
COUNT... BUT REAL PRODUCTION
HURTS THEM!

PUT *ALL* YOUR POWER IN THE JOB!

DODGE

그림18-3 미국 전쟁생산위원회, 「그들이 우리를 보고 있다… 많이!」, 1942~43년

TIP

추축국
제2차세계대전 당시 연합국
(미국, 영국, 프랑스, 소련 등)
과 싸웠던 국가들이 형성한
동맹으로 독일, 이탈리아, 일
본의 세 나라가 중심이었다.

에서 독일과 이탈리아의 대외 침략과 마찬가지로 제2차세계대전으로
이어지고 말았지요. 제2차세계대전 중에 미국의 전쟁생산위원회가 제
작하여 배포한 선전 포스터(그림18-3)를 볼까요. 추축국*의 지도자들
인 히틀러, 무솔리니, 히로히토를 한데 묶은 캐리커처 작품입니다. 세
인물은 전쟁에서 동맹관계를 유지했을 뿐만 아니라 유사한 성격의 정

부를 이끌었다는 공통점을 지녔습니다. 포스터는 적들이 지켜보고 있으니 모두 열심히 일해 생산을 늘리자는 메시지를 담고 있습니다.

대공황시대의 소련

대공황시대에 가장 주목할 만한 경제성장을 보인 국가는 소련이었습니다. 레닌이 죽은 후 집권한 스탈린은 1928년 5개년 계획을 발표하고 계획경제적인 발전을 도모했습니다. 1930년대를 통해 사회기간망에 대한 투자가 확대되고 생산이 증가했지요. 서구 국가들이 대공황의 수렁에서 허우적거리던 시기였으므로 소련이 보여준 성과는 더욱 대단해 보였습니다.

다음의 그림18-4는 이를 체제 선전에 이용하기 위해 소련의 드니 돌고루코프Deni Dolgorukov가 제작한 포스터입니다. 스탈린이 5개년 계획을 발표하자 서구 자본가가 '환상, 거짓말, 유토피아'라고 비웃고 있네요. 그러나 곧 공장과 댐이 건설되고 생산이 증가하자 자본가는 충격을 받아 얼굴이 잿빛이 된 채 울상을 짓게 된다는 내용입니다.

서구의 인물들 중에도 소련의 경제성과에 깊은 인상을 받은 이들이 있었습니다. 대표적으로 아일랜드 출신의 저명한 극작가이자 비평가인 조지 버나드 쇼는 소련을 방문한 후 미국의 한 라디오를 통해 심신이 건강한 청년들은 소련으로 가서 일자리를 찾으라는 강연을 했습니다.

겉보기에 번드르르했던 소련의 경제 성적표의 내면에는 사실 어두운 실상이 도사리고 있었습니다. 스탈린은 경제개발에 필요한 노동력을 소련 여러 지역으로부터 강제로 이송시킨 인구에 의존했습니다. 낯선 곳에 끌려온 이주민들은 열악한 수용소에 머물면서 강제노역

그림18-4 드니 돌고루코프, 「1928년, 5개년 계획」, 1933년

에 종사해야 했지요. 연해주 지방에 거주하던 수십만 명의 한인들이 1937년에 중앙아시아로 끌려가게 된 것도 이런 맥락에서였습니다. 자원과 인력의 강제 동원과 가혹한 착취는 단기적으로는 경제성장률을 높일 수 있었지만, 장기적으로는 한계가 명확할 수밖에 없었습니다.

뉴딜정책의 역사적 평가 ——

이제 다시 미국의 뉴딜정책으로 돌아가볼까요. 뉴딜정책에 대해 어떤 역사적 평가를 내릴 수 있을까요? 대중은 뉴딜정책이 실업과 경기 침체에서 미국 경제를 구출한 일등공신이라고 평가하곤 합니다. 그러나 대다수의 학자들은 그다지 좋은 경제정책이었다고 보지 않습니다. 뉴딜정책들이 임기응변적이고 일관성이 부족했다는 것입니다.

단기간에 마련된 정책들은 서로 충돌하기 일쑤였고 쏟아부은 자금 규모에 비해 경기회복은 변변치 않았지요. 예를 들어 정부는 농산물 가격이 떨어지는 것을 막기 위해 농업생산을 제한하는 조치를 취했습니다. 그런데 이 조치로 소작농들은 일자리를 잃게 되었고, 결국 경지에서 쫓겨나는 신세를 맞았습니다. 존 스타인벡의 소설 『분노의 포도』는 고향 오클라호마를 떠나 멀리 캘리포니아로 이주에 나설 수밖에 없었던 농민들의 비참한 모습을 생생히 묘사했습니다. 그들의 곤궁함은 바로 이 시대를 배경으로 하고 있지요.

이주 농민의 모습을 촬영한 사진 가운데 가장 유명한 것이 「이민자 엄마」(그림18-5)라는 제목으로 알려진 도러시아 랭Dorothea Lange의 작품입니다. 콩 수확 작업이 벌어지고 있는 캘리포니아의 한 농장을 배경으로 촬영한 이 사진에는 네 명의 인물이 등장합니다.

그림18-5 도러시아 랭, 「이민자 엄마」, 1936년

두 아이는 엄마에게 지친 머리를 기대고 있고 어린 아기는 엄마 품에서 곤히 잠들어 있네요. 사진 속 엄마는 현실에서 일곱 명의 아이를 둔 플로렌스 톰슨이라는 사람입니다. 그녀의 표정은 고난에 빠진 상황을 여실히 보여줌과 동시에 그래도 희망을 잃어서는 안 된다는 의지도 함께 보여줍니다.

미국 정부가 뉴딜정책의 일환으로 설립한 농장안전국은 1935년부터 사진가들을 고용해 대공황의 현실을 촬영하도록 했는데, 랭도 이렇게 고용된 사진가였습니다. 그녀의 세심한 카메라워크를 통해 1930년대의 사회상을 생생히 보여주는 걸작이 탄생한 것이지요.

이제 뉴딜정책을 다시 평가해보겠습니다. 뉴딜정책은 완전히 실패한 정책일까요? 이런 평가는 지나치게 가혹하다고 생각합니다. 경기회복의 동력을 제대로 만들어내지 못한 국가들이나 극단적인 정치세력을 선택한 국가들과 비교한다면 미국의 성과는 그럭저럭 괜찮았다고 평가할 만합니다.

당시는 끝 모르는 경제위기로 중산층이 무너지고 서민층이 빈곤에 처해 사회질서가 위협받는 상황이었습니다. 뉴딜정책이 빠른 경기회복을 가져오지 못한 것은 사실이나, 당시는 국제적 공조를 통한 경기회복을 기대할 수 없던 시절이었음을 기억할 필요가 있습니다. 전례없이 험난하고 앞이 보이지 않는 위기 속에서, 뉴딜정책은 경기회복기가 도래할 때까지 사회 구성원들이 민주적 사회기반을 무너뜨리지 않으면서 어떻게든 고된 시절을 버텨갈 수 있도록 한 나름의 대타협이었습니다. 그런 면에서 뉴딜정책은 최선은 아니지만 차선의 정책이었다고 볼 수 있을 것입니다.

19

대기오염의
진화

무분별한 개발이
인간의 생명을 위협하다

- 1914 제1차세계대전 발발
- 1939 제2차세계대전 발발
- 1950 한국전쟁 발발
- **1952 런던 스모그 사태**
- 1957 소련 최초의 인공위성 발사
- 1960 4·19 혁명
- 1961 5·16 군사정변
- 1966 중국 문화대혁명 시작
- 1973 석유파동 시작
- 1980 5·18 민주화운동
- 1986 소련 체르노빌 방사능 유출사고
- 1988 서울올림픽 개최
- 1991 걸프전쟁 발발
- 2011 일본 후쿠시마원전 사고

몇 해 전부터 우리는 미세먼지와 초미세먼지 탓에 마스크를 착용하는 데에 익숙해졌습니다. 지구의 대기는 언제부터 혼탁해지기 시작했을까요? 산업혁명시대에 석탄과 같은 화석연료를 많이 사용하면서부터라는 게 정설입니다. 이미 19세기 중반에 런던 시민들은 짙은 스모그로 인해 고통을 받았습니다. 19세기 후반~20세기를 거치면서 많은 국가들에서 공업화와 도시화가 진행되었습니다. 이에 따라 대기오염은 지구 전체가 고민해야 할 문제가 되었지요. 20세기 중반에는 영국, 미국과 같은 선진국에서 심각한 대기오염 사태가 발생했지만, 20세기 후반부터는 중국, 인도와 같은 개발도상국에서 문제의 심각도가 더 높아졌습니다. 대기오염을 줄이는 데에는 많은 비용이 듭니다. 또 오염물질은 국경을 넘어 퍼져나가기 때문에 여러 국가들이 함께 풀어가야 하는 문제이기도 하지요. 맑은 공기를 마음껏 호흡할 날이 머지않아 오기를 기대하며 대기오염의 역사를 돌아봅시다.

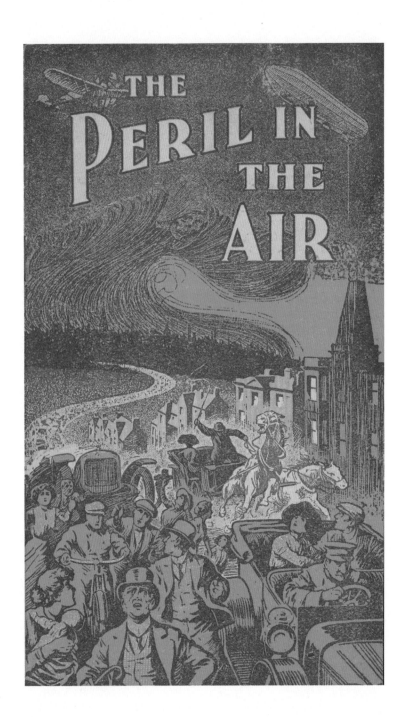

그림19-1 펩스컴퍼니에서 발행한 인쇄물, 『공중의 재앙』 표지, 1913년

●

사람들이 뭔가에 쫓겨 달아나고 있습니다. 이들은 걸어서 혹은 자전거, 자동차, 마차 등 다양한 운송수단에 몸을 싣고 도로를 따라 긴 행렬을 이루고 있습니다. 하나같이 겁에 질린 표정이군요. 이들을 두려움에 떨게 만든 것은 무엇일까요? 어두운 하늘에 비행선과 비행기가 떠 있습니다. 사람들은 공습을 피해 달아나고 있는 것일까요? 아니면 다른 무엇이 이들을 공포로 몰아넣은 것일까요?

그림19-1은 1913년 6월 영국에서 발간된 인쇄물의 표지입니다. 이 인쇄물은 어떤 주제를 전달하고자 제작된 것일까요? 얼핏 20세기 초에 한창 유행했던 대중소설의 표지 그림처럼 보이기도 합니다. 제목이 『공중의 재앙』이라는 점, 제작연도가 제1차세계대전이 발발하기 직전이라는 점, 그리고 비행선과 비행기가 폭격을 앞둔 듯 하늘에 떠 있다는 점이 서로 잘 맞물리는 것 같습니다.

당시는 유럽에 전운이 가득하던 시기였습니다. 머지않아 전쟁이 터지고야 말 것이라는 공포감에 사람들은 마음이 무거웠지요. 1912년 겨울에서 이듬해 봄까지 영국 전역에서는 희한한 목격담이 언론에 자주 보도되었습니다. 밤하늘에 비행선이 나타났다가 사라지곤 하는데 실제로 추적하려고 하면 비행선이 사라져 찾을 수 없었다는 내용이었습니다. 사람들은 이를 '유령비행선'이라고 불렀습니다.

전쟁이 임박한 상황에서 독일이 공습을 위해 영국의 방어망을 시험하는 것이라는 소문이 퍼졌습니다. 사회에 이런 불안이 팽배했으므로 독일군의 공습 이야기는 대중소설의 주제로 적당하다고 여겼을 만하지요.

그러나 이 그림은 대중소설의 표지에 실린 것이 아닙니다. 독일군의 공격이 그림의 주제도 아니었습니다. 그렇다면 이 그림의 정체는 무엇일까요?

영국을 강타한 대기오염 ——

사실 이것은 일종의 건강보조제 알약을 판매하기 위해 제작한 광고 소책자의 표지 그림이었습니다. 알약을 복용하면 기침과 감기, 인플루엔자, 기관지염, 폐결핵 등 호흡기 질환을 한꺼번에 예방할 수 있다는 광고였지요. 그림을 자세히 보면 해골 형상을 하고 후드가 달린 긴 망토를 두른 죽음의 신이 도심 하늘을 뒤덮고 있는 위협적인 모습을 발견할 수 있습니다. 죽음의 신이 지닌 치명적 무기는 바로 대기오염이었습니다.

런던을 비롯한 영국의 대도시들은 19세기, 특히 1880년대부터 심각한 대기오염에 시달렸습니다. 20세기 초에는 오염이 더욱 악화되어 수많은 시민들의 우려를 샀습니다. 짙은 안개에 섞여 있는 유해물질로 인해 사망률이 급증하고 있다는 충격적인 보도가 잇따랐지요. 공기 중에 포함된 치명적인 세균들이 오염된 대기를 통해 사람들에게 확산된다는 의학 전문가들의 주장은 시민들을 극도로 불안하게 만들었습니다.

이 건강보조제 광고는 대중의 이런 불안감을 최대로 이용했습니다. 제작사는 이 알약을 혀에 올려놓으면 증발하면서 호흡으로 유입되는 세균을 모두 파괴한다고 제품 설명서를 통해 주장했습니다. 오늘날의 기준으로 보자면 명명백백한 허위 광고였지요. 여기에 공포심을 극대화하기 위해 대중의 뇌리에 생생하게 각인되어 있는 독일 비행선의 위협적 이미지를 결합했으니 분명히 광고 효과는 무척이나 쏠쏠했을 것입니다.

대기오염과 질병의 관계

사람들은 언제부터 오염된 공기에 주목했을까요? 그리스의 의학자 히포크라테스는 감염병이 지진이나 홍수, 화산폭발 직후에 급격히 창궐하는데 이는 사람들이 부패한 공기를 흡입하기 때문이라고 주장했습니다.

이렇게 오염된 공기를 미아스마°라고 불렀습니다. 부패한 물질에서 나오는 작은 입자가 가득한 독성 증기를 뜻하지요. 미아스마가 중세의 흑사병에서 19세기 전반의 콜레라에 이르기까지 각종 질병의 직접적 원인이라는 견해는 오랜 역사 속에서 사람들에게 의심없이 널리 받아들여졌습니다.

로버트 시모어Robert Seymour의 다음 풍자화(그림19-2)를 볼까요. 그는 1832년 런던의 공중위생을 담당하는 보건위원회 직원들이 콜레라와 유사한 사례를 찾기 위해 이곳저곳을 샅샅이 살펴보는 모습을 그렸습니다. 그들이 돼지우리, 하수구, 짚더미를 열심히 뒤지고 있군요.

그런데 이들이 감염병의 근원지를 탐색하는 방법은 냄새를 맡는 것이었습니다. 부패한 냄새가 인체에 들어와 질병을 일으킨다는 미아스마 이론에 근거한 탐색 방법이었지요. 오늘날에는 콜레라가 오염된 물을 통해 전파되는 감염병이라는 사실이 상식으로 받아들여지지만 당

그림19-2 로버트 시모어, 「콜레라와 같은 사례를 찾는 런던 보건위원회」, 1832년

시에는 나쁜 공기를 통해 감염된다는 인식이 더 지배적이었습니다. 특히 짙은 안개가 자주 발생하는 영국에서는 안개에 포함된 미아스마가 여러 질병의 주범이라는 주장이 대중에게 쉽게 받아들여졌지요.

무려 2000년 넘게 서구인들이 믿어왔던 미아스마 이론은 19세기 말 새로 대두한 세균 이론에 마침내 자리를 내주게 됩니다. 루이 파스퇴르와 로베르트 코흐가 탄저균, 콜레라균, 결핵균 등을 차례로 분리해냄으로써 세균학의 시대가 열렸지요. 그에 따라 대기오염이 인체에 미치는 악영향도 주로 세균의 전파를 통해 발생한다는 견해가 새롭게 확산됐습니다. 나쁜 공기에 포함된 세균을 없애 건강을 지킨다는 그림

19-1의 광고도 바로 이런 인식 변화를 반영한 것이었지요.

대기오염의 주범 —

인류의 역사에서 대기오염의 공포를 가장 크게 일으킨 주범은 무엇이었을까요? 바로 석탄이었습니다. 앞서 11장에서 살펴본 것처럼 영국에서는 17세기 중반부터 도시가 빠르게 성장하면서 석탄을 난방용으로 사용하는 가정이 증가했습니다. 산업혁명이 시작된 18세기 중반부터는 공업생산용 석탄의 사용도 급속하게 늘어났지요. 그에 따라 도심에 열섬현상*이 자주 나타났고 스모그*도 집중 발생하는 현상이 자주 목격됐습니다. 사람들은 이를 '도시안개'라고 불렀어요. 1820년에는 짙은 스모그로 인해 대기가 검다 못해 누르스름한 녹색을 띠기도 해서 '콩수프 안개'라는 별칭까지 생겼습니다.

그림19-3을 보면 작품이 제작된 1862년경에도 런던의 대기상태가 전혀 개선되지 않았음을 알 수 있습니다. 손수건으로 입을 막은 사내가 걸어가는데, 옆으로 마차를 끄는 말이 가까이 다가오고 있습니다. 스모그가 가득해서인지 남자는 말의 존재를 의식하지 못하는 것처럼 보이는군요. 그가 말과 충돌하지 않고 피할 수 있을지 모르겠습니다. 뒤편에는 사람들이 횃불을 들어 자신의 위치를 알려주는 모습이 묘사되어 있습니다. 대기오염이 얼마나 심각했는지 실감할 수 있지요.

가장 유명한 대기오염 사태는 1952년 겨울 런던에서 발생했습니다. 대기가 정체된 5일 동안 석탄에서 나온 공해물질이 축적되어 스모그가 점점 짙어졌습니다. 몇 미터 앞도 내다볼 수 없을 정도로 대기상태가 악화되자 지하철을 제외한 모든 대중교통이 멈춰서야만 했습니다.

TIP

열섬heat island현상
기온이 주위 지역보다 두드러지게 높아지는 현상. 현대 사회에서는 도심에서 발생하는 사례가 많은데, 대기오염, 녹지의 부족 등이 원인으로 지적된다.

스모그smog
대기에 포함된 오염물질이 안개 형태의 기체가 된 것. 연기smoke와 안개fog를 합성해서 만든 용어이다.

그림19-3 「스모그 낀 런던 거리를 손수건으로 입을 막고 걸어가는 사내」, 1862년경

그림19-4 작자 미상,「콩수프 안개에 둘러싸인 피카딜리서커스」, 1952년

스모그가 실내로 들어와 퍼지는 탓에 영화 상영과 음악회 공연도 모두 취소되었지요.

당시 사진(그림19-4)이 사태의 심각성을 우리에게 고스란히 전해줍니다. 런던의 중심가인 피카딜리서커스에서 촬영된 이 사진에서는 이곳의 상징물인 에로스 동상만이 희미하게 보일 뿐, 그 뒤로 어떤 건물이 있는지 전혀 식별할 수 없습니다. 당시 호흡곤란을 호소하는 시민이 급증했고 병원으로 급히 실려간 환자도 많았지요. 이 환경재앙이 직접적인 원인이 되어 적어도 4000명의 런던 시민이 목숨을 잃었습니다. 최근의 연구는 사망자가 최종적으로 1만 2000명에 이르렀다고 추

그림19-5 「스모그에 가려진 크라이슬러빌딩」, 1953년

정합니다.

사실 스모그가 대도시의 대기를 짓누르는 사태는 영국에서만 발생했던 것은 아니었습니다. 예를 들어 미국 로스앤젤리스의 주민들은 1940년대에 '가스 공습'이라 부른 대기오염 사태에 자주 시달렸고, 뉴욕은 1950년대와 1960년대에 하루 수십 명씩의 사망자를 내는 대기오염을 여러 차례 겪었습니다. 앞의 사진(그림19-5)은 1953년에 촬영한 뉴욕의 풍경을 보여줍니다.

엠파이어스테이트 빌딩 옥상에서 크라이슬러 빌딩 쪽을 촬영한 사진입니다. 도시 전체가 스모그에 휩싸여 있어서 한 해 전에 촬영된 런던의 모습과 쌍둥이처럼 닮았군요. 화석연료에 의존해 도시화와 공업화를 진행한 지역들은 하나같이 대기오염이라는 재앙을 피해갈 수 없었던 것입니다.

대기오염에 대한 인식 변화 ───

20세기 중반 세계적 도시들이 스모그의 직격탄을 맞으면서 대기오염에 대한 관심이 새롭게 고조되었습니다. 특히 대기오염이 세균의 확산을 통해 건강에 해를 가져온다는 기존의 주장을 대신해 공해물질의 화학적 특성과 미세입자의 영향이 더 중요하다는 주장이 대두되었지요.

대기오염에 대한 인식은 이로써 두번째 대전환을 맞게 되었습니다. 이산화황, 질소산화물, 불소화합물 등이 직접 혹은 태양광과 반응해 인체에 심각한 피해를 초래한다는 견해가 힘을 얻게 되었어요. 입자가 아주 작은 공해물질이 인체에 악영향을 끼친다는 주장도 설득력을 키워갔습니다. 그렇다면 대기오염에 맞서 인류는 어떤 노력을 기울여왔을까요? 영국의 사례로 돌아가보지요.

1956년과 1968년 영국 의회는 청정공기법을 제정해 대기오염 물질의 배출을 금지하는 지역을 도시 내에 설정했고 공해물질이 잘 빠져나가도록 굴뚝 높이를 의무적으로 높였습니다. 1974년에 제정된 대기오염 통제법은 자동차와 산업용 연료의 사용을 통제했습니다. 초기에는 이산화황 배출을 집중 감시했고 1980년대에는 납으로, 그리고 1990년대에는 광화학 스모그로 관심을 넓혔습니다. 다른 국가들도 이와 비슷한 조치를 취함으로써 상황을 개선하고자 했습니다.

최근에는 내연기관으로 작동하는 자동차를 빠른 속도로 줄여가겠다는 나라들이 늘어나고 있습니다. 예를 들어 노르웨이는 2025년부터 내연기관차의 판매를 금지한다고 선언했고, 영국과 프랑스는 2030년을 목표연도로 결정했어요. 우리나라도 2035년~40년에 내연기관차를 퇴출하는 것을 목표로 삼는다고 최근 발표했습니다. 참으로 고무적인 신호가 아닐 수 없습니다. 하지만 이런 노력에도 불구하고 세계적으로 대기오염 문제는 해결이 멀기만 합니다. 한 해에 대기오염으로 조기 사망하는 인구가 무려 700만 명에 이르고 있고, 인도와 중국 같은 개발도상국에서의 피해가 특히 심각하거든요.

OECD 국가 중 최악의 대기오염 수준을 보이고 있는 우리나라도 심각한 대기오염을 겪고 있습니다. 우리는 수많은 생명과 건강을 위협하는 재난 수준의 대기오염 속에서 살고 있습니다. 미세먼지와 초미세먼지로 인해 연간 10조 원을 훌쩍 넘는 사회적 비용을 부담하고 있다는 연구도 있지요. 그럼에도 우리나라의 대응책은 다른 국가들에 비해 약한 편입니다. 우리의 현재와 미래를 위협하는 심각한 대기오염 문제

를 해결하기 위해 지금까지보다 훨씬 적극적인 개선 노력을 기울여야
하겠습니다.

20

코로나19의
영향

왕관의 역병,
순식간에 세계를 집어삼키다

- 1918 스페인독감 유행

- 1923 일본 관동대지진 발생

- 1997 한국 외환위기

- 2001 미국 9·11 테러사건

- 2002 사스 창궐

- 2007 글로벌 금융위기 발생

- 2011 일본 후쿠시마 원전 사고

- 2015 한국에서 메르스 첫 감염자 발생

- 2019 우한에서 감염병 최초 보고

- 2020 코로나19 대창궐 | 영국 유럽연합 탈퇴

- 2021 코로나 백신 보급

바이러스, 확진자, 변이, 격리, 백신…… 이런 용어들이 매일 뉴스 첫머리를 장식하는 시대가 오리라고는 불과 몇 년 전만 해도 상상하기 어려웠습니다. 그런데 아무도 원치 않는 코로나19 상황이 길게 이어지면서 사람들도 조금씩 적응을 하고 있습니다. 마스크 없이는 밖을 나가지 않고, 지인들과의 모임은 미뤄지고, 학생들은 등교를 제한받고, 직장인들은 재택근무에 익숙해지고 있습니다. 전염병의 창궐은 사람들의 일상을 바꾸었을 뿐 아니라 세계관에도 엄청난 영향을 끼쳤습니다. 자국우선주의의 시대, 탈세계화의 시대가 갑작스레 찾아온 것이지요. 지난 40년 동안 거칠게 몰아쳤던 세계화의 물결이 잔잔해지더니 이제 정반대의 방향으로 흐름을 바꾸는 형국입니다. 앞으로 세계는 어떤 모습을 띠게 될까요? 세계화의 시대는 영원히 끝나고 만 것일까요?

그림20-1 모텐 몰랜드, 「코로나」, 『스펙테이터』 2020년 3월 7일자 표지 그림

●

방호복을 입은 사람들이 모양이 서로 다른 붉은색의 물체들을 들고 흩어지고 있습니다. 이 물체들은 중앙에 있는 커다란 지구 모형에서 떼어낸 조각들입니다. 자세히 보면 물체들은 개별 국가의 모습을 띠고 있습니다. 하나의 지구를 이루었던 각각의 국가들이 지구 모형으로부터 분리되어 각자 다른 방향으로 흩어지고 있는 것입니다. 이 그림은 어떤 상황을 묘사하고 있을까요?

그림20-1에 등장하는 사람들은 하나같이 온몸을 감싸는 방호복을 입고 얼굴에 방독면을 착용하고 있습니다. 차림새에서 추측할 수 있듯이 이 그림은 코로나19가 한창 위세를 떨치던 상황을 배경으로 하고 있어요.

2019년 말 중국 우한에서 처음 보고된 감염병의 증상은 17년 전에 맹위를 떨쳤던 사스(급성호흡기증후군)와 비슷했습니다. 이 감염병의 병원체인 바이러스의 표면에는 많은 수의 돌기가 나 있는데 이것이 왕관corona과 비슷한 모양이라고 하여 '코로나바이러스'라고 불렸고, 공식적으로는 '코비드COVID19'라고 명명되었습니다.

문제는 이 감염병의 전파 속도가 예사롭지 않았다는 데 있었습니다. 마치 감염병의 제왕이 찾아와 온 세상을 점령하는 듯한 기세를 떨쳤지요. 2020년 봄부터 세계적으로 매우 빠른 확산세를 보였는데, 이 그림은 바로 이런 상황을 바탕으로 제작된 작품이었습니다.

감염병이 처음 보고된 지 불과 1년이 조금 지난 2021년 2월에 이미

확진자가 전 세계적으로 1억 명을 돌파하였고 사망자만 200만 명에 달하였습니다. 통계에 잡히지 않은 사람들이 많았으므로 실제 피해자는 이 수치를 훨씬 초과할 것입니다. 1918년 스페인독감이 전 세계를 휩쓸어 수천만 명의 희생자를 낸 이래 최대 규모로 창궐한 팬데믹*이었습니다. 북반구와 남반구, 선진국과 개발도상국을 막론하고 이 맹렬한 감염병으로부터 안전한 지역은 지구상에 거의 없었습니다.

나라 별 코로나19 대응책 ──────

전대미문의 대재난이 지구 전역을 동시적으로 강타하자, 각 나라의 정부는 이에 대응하는 전략을 짜기에 바빴습니다. 어떻게 하면 방역조치의 효과를 최대화하면서 동시에 구성원들이 겪는 피해를 최소화할 수 있을까? 양립하기 힘든 두 가지 목표를 앞에 놓고 각 나라는 자국이 처한 독특한 사회적·문화적 환경에 맞춰 다양한 방도를 강구했습니다.

어떤 국가는 구성원 개인의 선택의 자유를 최우선으로 지켜야 할 덕목으로 여긴 반면에, 국가 전체의 이익을 위해서는 개인의 선택을 희생하는 것이 옳다고 여기는 국가도 있었습니다. 대다수의 국가는 이런 양극단의 중간 어딘가에 위치했지요.

모든 국가에 안성맞춤인 정부개입이라는 것은 사실상 있을 수 없습니다. 실제로 코로나19에 대응한 방식에는 국가 별로 큰 차이가 있었습니다. 예를 들어 중국은 국가가 가장 적극적으로 개입을 한 경우로 필요에 따라 대도시를 통째로 봉쇄하기도 했지요.

우리나라를 포함해 싱가포르, 타이완 등은 중국보다는 약하지만 꽤 적극적인 개입을 선택한 나라입니다. 대표적으로 우리나라는 우수한 행정적, 기술적 역량을 활용해 감염 경로를 추적하고(trace) 확진자를 찾아내고(test) 공간적으로 격리해 치료하는(treat) 이른바 '3T전략'을 구사했습니다. 이와 달리 미국, 영국, 이탈리아 등은 정부의 개입을 제한하는 편이었는데 결과적으로 코로나19가 크게 확산되는 상황을 피하지 못했습니다.

정부가 개입을 더욱 주저한 국가도 있습니다. 스웨덴은 마치 집단면역*을 실험하기라도 하듯이 개인의 활동에 정부가 별다른 제한을 가하지 않았는데, 이 정책은 정부의 기대에 부응하는 효과를 전혀 거두지 못했지요.

정부의 대응이 가장 약한 곳은 당연히 최빈국들이었습니다. 아프리카와 아시아, 남아메리카의 여러 국가들은 감염병에 효과적으로 대처할 행정체제도 없었고, 의료기술도 낙후됐으며, 재정적 여력도 턱없이 부족했습니다. 안타깝게도 이런 국가들이 할 수 있는 방역이라고는 그저 국경을 차단하고 사람들의 이동을 통제하는 것뿐이었지요.

감염병이 몰고 온 불안

코로나19가 기승을 부리기 시작하자 사람들은 당황했습니다. 지금까지 아무런 부족을 느끼지 않았던 생필품들이 곧 부족해질 수 있다고 예상하는 사람들이 늘어났어요. 특히 화장지가 품귀현상을 일으킬 것이라는 루머가 확산됐습니다. 감염병 시대에 필수품으로 등장한 마스크의 생산을 급속히 늘리는 과정에서 화장지의 원료가 되는 펄프의 공급이 부족해지리라 예상한 것입니다.

그림20-2 에메 프레팅커, 「골룸과 그의 보물」, 독일 베를린 마무어공원에 그려진 벽화

실제로는 마스크와 화장지의 원료가 달랐지만, 정확한 정보는 사람들에게 신속히 전달되지 못했고 대신 추측과 소문이 난무하는 상황이 펼쳐졌습니다. 선진국이라 불리던 국가들에서도 매장마다 화장지를 구입하려는 사람들이 장사진을 이뤘고, 심지어 그 과정에서 폭력사태가 발생하기도 했습니다.

그림20-2는 이런 상황을 소재로 삼은 작품입니다. 독일 베를린의

한 공원에 설치된 장벽을 채운 그림인데, 세계적으로 대히트를 친 영국 작가 J. R. R. 톨킨 원작의 영화 「반지의 제왕」에 등장하는 이중인격적 괴물인 골룸을 묘사하고 있습니다. 영화에서 골룸은 절대반지를 차지하려고 호시탐탐 기회를 노리는 탐욕스런 존재인데, 이 벽화에서는 절대반지 대신에 두루마리 화장지를 손에 넣고서 만족한 표정을 취하는 모습이군요. "나의 보물(Mein Schatz! 영어로 하면 My Precious!)"이라고 외치면서 말이에요. 화가는 코로나19 창궐의 충격 속에서 두루마리 휴지가 절대반지에 비유될 만한 세상이 되어버렸다는 풍자를 그림에 담았습니다.

불안이 만들어낸 희생양 ──────

거대한 재난이 발생하면 사람들은 불안에 휩싸입니다. 자신이 속한 집단이 큰 피해를 겪으면 사람들의 마음속에 분노와 공포와 걱정이 확산되면서 집단의 방어기제를 만들어내기 쉽지요. 대표적인 방어기제가 바로 희생양 만들기입니다. 잘못의 책임을 뒤집어쓰고 대중 혐오와 분노를 받아낼 존재를 억지로 만들어내는 것입니다.

우리는 역사적으로 수많은 희생양이 억울하게 고난을 겪었다는 사실을 알고 있습니다. 14세기 흑사병이 유럽에 창궐했을 때 엄청나게 많은 유대인들이 학살의 대상이 되었습니다. 16~17세기에 평균기온이 낮아지는 이른바 '소빙기'●가 찾아왔을 때는 많은 여인들이 마녀사냥의 제물이 되었지요. 1923년 일본에서 관동대지진이 발생했을 때에는 조선인과 사회주의자들이 우물에 독을 타고 폭동을 모의한다는 소문이 퍼지면서 수많은 희생자가 발생했습니다.

> **TIP**
> **소빙기** Little Ice Age
> 지구의 온도가 다른 시기보다 현저하게 낮았던 기간을 말한다. 학자에 따라 1300~1850년으로 잡기도 하고 더 짧은 기간을 지목하기도 한다. 이 시기에는 흉작이 잦고 기근이 자주 발생했다.

코로나19가 창궐하면서 희생양 만들기가 다시금 진행될 위험이 커졌습니다. 여러 국가에서 단지 중국인이라는 이유로, 또는 중국인과 구별이 쉽지 않은 아시아인이라는 이유로 폭행을 당하거나 위협을 받는 상황이 심심치 않게 전개되었습니다.

희생양 만들기는 또한 확진자들을 향해서도 이루어졌습니다. 단지 감염이 되었다는 이유로 회복 후에도 자신이 속했던 직장, 학교, 지역 공동체로부터 차가운 시선과 암묵적 거부의 대상이 된 이가 적지 않았지요. 심지어 확진자의 가족들조차 이와 비슷한 상황을 겪기도 했습니다.

우리는 어떻게 해야 할까

재난을 효과적으로 극복하는 데에 어떤 사회적 분위기가 도움이 될까요? 증오와 배제가 아니라 이해와 협력이 필요하다는 점은 분명합니다. 서로를 위하는 마음으로 각자 방역에 힘쓰고 유익한 정보를 공유하고 힘든 이를 감싸줘야 안전하고 건강한 삶을 회복할 수 있습니다.

인도 정부가 공공포스터로 배포한 그림20-3을 볼까요. 어린이가 그린 작품인데, 방역지침을 잘 지켜 감염병을 퇴치하자는 메시지를 간결하면서도 생생하게 전하고 있습니다. 모두가 이렇게 노력하면 나와 내 이웃은 물론 지구 전체가 감염병의 위협에서 벗어나 건강함을 되찾을 거라는 어린 화가의 희망이 잘 느껴집니다.

공공포스터야말로 재난 시대의 특징을 가장 잘 보여주는 그림 장르입니다. 개인의 힘만으로는 극복하기 어려운 거대한 재난 상황이 벌어졌을 때, 사회 구성원들의 마음을 한데 모으고 함께 힘을 내자는 메시

그림20-3 무칼 라지 라사냐, 인도 전자·정보기술부 정보국립인포매틱스센터(NIC), 2020년

지를 널리 전파할 필요가 있기 때문입니다.

감염병, 자연재해, 전쟁, 경제위기는 모두 이런 재난의 범주에 들어갑니다. 그림20-4의 두 포스터를 볼까요. 왼쪽의 그림은 미국의 화가 테런스 오스본Terrance Osbourne이 그린 「최전선」이라는 제목의 작품입니다. 의료복을 입은 간호사가 힘차게 팔을 들어올리고 있군요. 알통이 뚜렷한 이두박근에 그림의 제목이 선명하게 새겨 있습니다. 방역의 최전선에서 코로나19와의 싸움에 자신감 넘치게 임하는 간호사의 모습이 인상적이지 않나요?

그림20-4 (왼쪽)테런스 오스본, 「최전선」, 2020년 | (오른쪽)하워드 밀러, 「우린 할 수 있다!」, 1943년

이 그림은 제2차세계대전 때 제작된 오른쪽 포스터에서 주인공의 포즈를 가져온 것입니다. 당시 미국은 총력전을 벌이면서 군수물자를 대규모로 생산하기 위해 많은 여성들의 노동에 의존했습니다. 하워드 밀러J. Howard Miller가 제작한 오른쪽 그림의 주인공은 리벳(대갈못)이라는 철물의 생산에 종사하는 '리벳공 로지'라는 가상인물입니다. 원래 웨스팅하우스 전기회사에서 내부적으로 사용한 포스터였지만, 이후에 여성의 참여와 권리 강화를 독려하는 목적으로 폭넓게 활용된 작품이지요. 오스본은 리벳공 로지의 힘찬 이미지를 활용하고자 동일한 포즈의 간호사를 2020년 작품에 채택한 것입니다.

한 가지 주목할 점은 오스본이 자신이 존경을 표한 대상이 의료진 만이 아니라고 인터뷰를 통해 강조했다는 사실입니다. 감염병과의 힘 겨운 싸움에서 승리하기 위해서는 의사와 간호사 같은 의료진의 힘 으로는 부족합니다. 병원을 포함한 수많은 공공시설을 소독하고 청소 하는 사람들, 손실을 감수하면서도 정부의 방역 시책을 묵묵하게 따르 는 소상공인들, 외로움 속에서도 자식과의 접촉을 자발적으로 피하는 노인들, 학교와 학원에서 장시간 지내면서도 마스크를 절대 벗지 않는 학생들, 그리고 놀이터에서 친구들과 뛰놀고 싶은 마음을 애써 억누르 는 어린이들에 이르기까지 수많은 사람들의 노력이 합쳐져야만 합니 다. 감염병의 퇴치에는 사회 구성원 모두의 협력이 필수적이며, 팬데 믹을 극복하려면 세계인 모두의 공조가 있어야만 하는 것이지요.

감염병 시대의 영웅들 ———

이번에는 실제로 코로나19와 최전선에서 싸우는 의료진의 모습을 그린 작품을 볼까요. 그림20-5는 우리나라의 간호사로서 매일 코로나 중증환자들을 대해온 오영준의 작품입니다. 그의 작품은 병원에서 일 하는 다양한 사람들을 묘사하는데, 그중에서 이 그림은 간호사들을 그 리고 있습니다.

격리병동에서 레벨D 방호복을 입고 몇 시간을 일하고 나면 온몸이 땀에 젖습니다. 휴식 시간에 간단한 샤워를 마치고 채 마르지 않은 머 리를 수건으로 감싼 채 다시 간호실 책상에 다가앉아 컴퓨터 스크린 을 들여다봅니다. 편히 휴식을 취할 시간조차 부족한 상황이 방역최전 선에서 펼쳐지고 있음을 그림이 우리에게 말해주고 있습니다. 이렇게

그림20-5 오영준 간호사 작품, 2020년

현장감이 생생하게 전해지는 그림도 드물 것입니다.

　이제 맨 앞의 그림20-1로 돌아가보지요. 개별 국가들이 지구에서 분리되어 각자의 길을 떠나는 모습은 코로나19가 만들어낸 새로운 국제적 분위기를 상징적으로 보여줍니다. 지난 40년 동안 인류는 세계화의 확장을 경험해왔습니다. 각국은 경쟁적으로 교역과 교류를 확대했고 그 결과 세계 각지는 과거 어느 때보다 촘촘하게 엮이게 되었지요. 정보통신기술의 발달이 정보의 소통을 가속화했고, 과거에 소련의 일부였던 동유럽 국가들은 자본주의 국가로 변모했으며, 개방을 중시하는 경제 질서가 지구를 단일한 시장으로 만들어왔습니다. 세계화의 도도한 흐름이 거침없이 펼쳐지는 시절이었습니다.

그런데 예상치 못했던 팬데믹이 발생하자 상황이 급변했습니다. 섬유 생산기반을 해외로 이전했던 국가들은 당장 자국민들이 사용할 마스크를 생산할 수 없어서 애를 먹었습니다. 외국인 여행객을 환영하던 분위기는 방역을 위해 입국을 차단해야 한다는 목소리에 파묻혀버렸지요. 자국우선주의라는 새로운 폭풍이 전 세계를 강타한 것입니다. 이제 사람들은 생산망을 국내에 갖추기를 바라게 되었습니다. 낯선 이방인과의 접촉과 교류를 꺼리는 사람도 많아졌지요. 아무리 개방적 국제질서가 잘 작동하고 있어도 팬데믹과 같은 돌발 상황이 닥치면 갑자기 기존 질서가 무너질 수 있다고 우려하게 됐습니다.

결과적으로, 각국은 당장 국제 교역과 교류가 줄어드는 손해를 감수하면서라도 자국 중심의 탈세계화를 선택해가고 있습니다. 국제적 공조가 사라지면 모두에게 피해가 돌아오리라는 우려가 없지는 않지만, 한동안 탈세계화의 추세는 거스르기 힘들 것으로 보입니다. 세계화와 탈세계화는 하나가 옳고 다른 하나가 틀리다고 볼 수 없습니다. 각각 장점과 단점을 지니는 것이지요. 시간이 더 흘러 사람들이 코로나19의 충격에서 회복하고 자국우선주의가 가져올 폐해를 실감하고 나서야 세계질서는 세계화와 탈세계화 사이에서 적절한 균형을 찾아 나서게 될 것입니다.

참고한 책들
────────

I. 고대와 중세

01 진시황과 분서갱유

뤼스하오 지음, 이지은 옮김, 『진시황—신화가 된 역사 그리고 진실』, 지식갤러리, 2015.

사마천 지음, 김원중 옮김, 『사기본기』, 민음사, 2015.

왕리췬 지음, 홍순도 · 홍관훈 옮김, 『진시황 강의』, 김영사, 2013.

왕링옌 · 왕퉁 지음, 이서연 옮김, 『역사 속 경제 이야기』, 시그마북스, 2018.

이중텐 지음, 김택규 옮김, 『이중텐 중국사』 7권, 글항아리, 2015.

장펀톈 지음, 이재훈 옮김, 『진시황 평전』, 글항아리, 2011.

Clements, Jonathan, *The First Emperor of ChinaThe History Press, 2006.*

Lewis, Mark, , *The Early Chinese Empires: Qin and Han*, Belknap Press, 2009.

Portal, Jane, *The First Emperor: China's Terra Cotta Army*, Harvard University Press, 2007.

Wood, Frances, *China's First Emperor and His Terracotta Warriors*, Macmillan Publishing, 2008.

02 노예제와 고대 로마의 몰락

기번, 에드워드 지음, 송은주 옮김, 『로마제국 쇠망사』 1~6권, 민음사, 2010.

브래들리, K. R. 지음, 차전환 옮김, 『로마제국의 노예와 주인』, 신서원, 2001.

히더, 피터 지음, 이순호 옮김, 『로마제국과 유럽의 탄생』, 다른세상, 2011.

Bradley, K. R., *Slavery and Society at Rome*, Cambridge University Press, 1994.

Dal Lago, E. and Katsari, C. eds., *Slave Systems: Ancient and Modern*, Cambridge University Press, 2008.

Lewit, T., *Villas, Farms, and the Late Roman Rural Economy: Third to Fifth Centuries AD*, Archaeopress, 2004.

McKeown, N., *The Invention of Ancient Slavery?*, Duckbacks, 2007.

Thompson, F. H., *The Archaeology of Greek and Roman Slavery*, Duckbacks, 2003.

Turley, D., *Slavery*, Wiley-Blackwell, 2000.

03 봉건제 질서의 탄생

루빈, 미리 지음, 이종인 옮김, 『중세』, 연암서가, 2016.

자이프트, 페르디난트 지음, 차용구 옮김, 『중세, 천년의 빛과 그림자』, 현실문화연구, 2013.

화이트, 린 지음, 강일휴 옮김, 『중세의 기술과 사회 변화』, 지식의 풍경, 2005.

Clark, Gillian, *Late Antiquity: A Very Short Introduction*, Oxford University Press, 2011.

Geary, Patrick J., *The Myth of Nations: The Medieval Origins of Europe*, 2nd edn., Princeton University Press, 2003.

Halsall, Guy, *Barbarian Migrations and the Roman West, 376-568*, Cambridge University Press, 2008.

James, Edward, *Europe's Barbarians AD 200-600*, Routledge, 2009.

Wickham, Chris, *Framing the Early Middle Ages: Europe and the Mediterranean, 400-800*, Oxford University Press, 2007.

04 장거리 무역의 귀재

로빈슨, 프랜시스 외 지음, 손주영 외 옮김, 『케임브리지 이슬람사』, 시공사, 2002.

커틴, 필립 D. 지음, 김병순 옮김, 『경제인류학으로 본 세계 무역의 역사』, 모티브, 2007.

Chaudhuri, Kirti N., *Trade and Civilisation in the Indian Ocean: An Economic History from the Rise of Islam to 1750*, Cambridge University Press, 1985.

Dallal, Ahmad S., *Islam, Science, and the Challenge of History*, Yale University Press, 2010.

Esposito, John L., ed., *The Oxford History of Islam*, Oxford University Press, 1999.

Huff, Toby E., *The Rise of Early Modern Science: Islam, China and the West*, Cambridge University Press, 2003.

Levtzion, Nehemia & Randall Pouwels, eds., *The History of Islam in Africa*, Ohio University Press, 2000.

Lewis, Bernard, *Islam and the West*, Oxford University Press, 1993.

McPherson, Kenneth, *The Indian Ocean: A History of People and the Sea*, Oxford
　　University Press, 1993.

Saunders, John Joseph, *A History of Medieval Islam*, Routledge, 2002.

Sheriff, Abdul, *Dhow Culture of the Indian Ocean: Cosmopolitanism, Commerce and
　　Islam*, Columbia University Press, 2010.

Watt, William Montgomery, *The Influence of Islam on Medieval Europe*, Edinburgh
　　University Press, 1972.

05 흑사병의 초대형 충격

맥닐, 윌리엄 지음, 김우영 옮김, 『전염병의 세계사』, 이산, 2005.

바투타, 이븐 지음, 정수일 역주, 『이븐 바투타 여행기 1, 2』, 창작과비평사, 2001.

아부-루고드, 재닛 지음, 박홍식·이은정 옮김, 『유럽 패권 이전』, 까치, 2006.

Aberth, John, *The Black Death: The Great Mortality of 1348-1350*, Palgrave Macmillan,
　　2005.

Cantor, Norman F., *In the Wake of the Plague: the Black Death and the World It Made*,
　　Simon & Schuster, 2001.

Dols, Michael Walters, *The Black Death in the Middle East*, Princeton University Press,
　　1977.

Gottfried, Robert S., *Black Death*, Simon & Schuster, 2010.

Herlihy, David & Samuel Kline Cohn Jr., *The Black Death and the Transformation of
　　the West*, Harvard University Press, 1997.

Huppert, George, *After the Black Death: A Social History of Early Modern Europe*,
　　Indiana University Press, 1998.

Kieckhefer, Richard, 'Radical tendencies in the flagellant movement of the
　　midfourteenth century,' *Journal of Medieval and Renaissance Studies 4(2)*, 1974.

Liu, Xinru & Lynda Shaffer, *Connections Across Eurasia: Transportation,
　　Communication, and Cultural Exchange on the Silk Roads*, McGraw-Hill, 2007.

Wang, Gungwu, *The Chinese Overseas: From Earthbound China to the Quest for
　　Autonomy*, Harvard University Press, 2009.

Ziegler, Philip, *The Black Death*, Faber & Faber, 2013.

06 중세 허풍쟁이의 베스트셀러

에브리, 페트리샤 버클리 지음, 이동진 외 옮김, 『케임브리지 중국사』, 시공사, 2001.

폴로, 마르코 지음, 김호동 옮김, 『동방견문록』, 사계절, 2000.

Ashtor, Eliyahu, *Levant Trade in the Middle Ages*, Princeton University Press, 2014.

Benedetto, Luigi Foscolo, *The Travels of Marco Polo*, Routledge, 2014.

Brook, Timothy, *The Troubled Empire*, Harvard University Press, 2010.

Farrell, Kenneth T., *Spices, Condiments and Seasonings*, Springer Science & Business Media, 1998.

Kang, David Chanoong, *East Asia Before the West: Five Centuries of Trade and Tribute*, Columbia University Press, 2010.

Larner, John, *Marco Polo and the Discovery of the World*, Yale University Press, 1999.

Olschki, Leonardo, *Marco Polo's Asia*, University of California Press, 1960.

Wittkower, Rudolf, *Marco Polo and the Pictorial Tradition of the Marvels of the East*, Thames & Hudon, 1958.

Wood, Frances, 'Did Marco Polo go to China?', *Asian Affairs 27(3)*, 1996.

II 근대

07 콜럼버스의 교환

김원중, 『대항해 시대의 마지막 승자는 누구인가?』, 민음인, 2010.

도요오, 다마무라 지음, 정수윤 옮김, 『세계 야채 여행기』, 정은문고, 2015.

스탠디지, 톰 지음, 박중서 옮김, 『식량의 세계사』, 웅진지식하우스, 2012.

장항석, 『판데믹 히스토리』, 시대의창, 2018.

주경철, 『문명과 바다』, 산처럼, 2009.

크로스비, 앨프리드 W. 지음, 김기윤 옮김, 『콜럼버스가 바꾼 세계』, 지식의숲, 2006.

페르난데스-아르메스토, 펠리페 지음, 유나영 옮김, 『음식의 세계사 여덟 번의 혁명』, 소와당, 2018.

황상익, 『콜럼버스의 교환』, 을유문화사, 2014.

Cumo, Christopher, *The Ongoing Columbian Exchange*, ABC-CLIO, 2015.

Elliott, John H., *Empires of the Atlantic World*, Yale University Press, 2007.

Fritze, Ronald H., *New Worlds: The Great Voyages of Discovery, 1400-1600*, Praeger, 2003.

Mann, Charles, *1493: Uncovering the New World Columbus Created*, Vintage Books, 2011.

Mungello, D. E., *The Great Encounter of China and the West, 1500-1800*, 4th edn., Rowman & Littlefield Publishers, 2012.

Nunn, Nathan & Nancy Qian, 'The Columbian exchange: a history of disease, food, and ideas', *Journal of Economic Perspectives 24*, 2010.

08 종교박해와 경제쇠퇴

콜린슨, 패트릭 지음, 이종인 옮김, 『종교개혁』, 을유문화사, 2013.

베버, 막스 지음, 김현욱 옮김, 『프로테스탄트 윤리와 자본주의정신』, 동서문화사, 2009.

Edwards Jr, Mark U., *Printing, Propaganda, and Martin Luther*, Fortress Press, 2004.

Eisenstein, Elizabeth L., *The Printing Revolution in Early Modern Europe*, Cambridge University Press, 2005.

Holt, Mack, *The French Wars of Religion, 1562-1629*, 2nd edn., Cambridge University Press, 2005.

Knocht, R. J., *The French Wars of Religion, 1559-1598*, 3rd edn., Routledge, 2010.

Marius, Richard, *Martin Luther: the Christian between God and Death*, Harvard University Press, 2009.

Nexon, Daniel H., *The Struggle for Power in Early Modern Europe: Religious Conflict, Dynastic Empires, and International Change*, Princeton University Press, 2009.

Parker, Geoffrey, *The Thirty Years' War*, 2nd edn., Routledge, 1997.

Treasure, Geoffrey, *The Huguenots*, Yale University Press, 2013.

09 기호음료의 세계화

나오코, 다케다 지음, 이지은 옮김, 『초콜릿 세계사』, 에이케이커뮤니케이션즈, 2017.

로스, 빌 지음, 서종기 옮김, 『식물, 역사를 뒤집다』, 예경, 2011.

문갑순, 『사피엔스의 식탁』, 21세기북스, 2018.

야콥, 하인리히 에두아르트 지음, 남덕현 옮김, 『커피의 역사』, 자연과생태, 2013.

유키히로, 탄베 지음, 윤선해 옮김, 『커피 세계사』, 황소자리, 2018.

호헤네거, 베아트리스 지음, 조미라 · 김라현 옮김, 『차의 세계사』, 열린세상, 2012.

Allen, Stewart Lee, *The Devil's Cup: Coffee, the Driving Force in History*, Soho Press, 1999.

Berg, Maxine and Elizabeth Eger, *Luxury in the Eighteenth Century*, Palgrave Macmillan, 2003.

Clarence-Smith, *William Gervase, Cocoa and Chocolate, 1765-1914*, Routledge, 2000.

Coe, Sophie D. & Michael D. Coe, *The True History of Chocolate*, Thames & Hudson, 2007.

Cowan, Brian, *The Social Life of Coffee: The Emergence of the British Coffeehouse*, Yale University Press, 2005.

De Vries, Jan, *The Industrious Revolution*, Cambridge University Press, 2008.

Kiple, Kenneth F. & Kriemhild Conee Oyurnelas, T*he Cambridge World History of Food*, Cambridge University Press, 2000.

Standage, Tom, *A History of the World in Six Glasses*, Walker & Company, 2006.

Wild, Antony, *Coffee, a Dark History*, W. W. Norton & Company, 2004.

10 시민혁명과 자본주의

브링클리, 앨런 지음, 황혜성 옮김, 『있는 그대로의 미국사』 1~2권, 휴머니스트, 2011.

주명철, 『오늘 만나는 프랑스 혁명』, 소나무, 2013.

이태숙, 『근대 영국 헌정: 역사와 담론』, 한길사, 2013.

파커, 데이비드 외 지음, 박윤덕 옮김, 『혁명의 탄생』, 교양인, 2009.

Egnal, Marc, *Clash of Extremes: The Economic Origins of the Civil War*, Hill and Wang, 2010.

Kishlansky, Mark, *A Monarchy Transformed: Britain, 1603-1714*, 6th edn., Penguin Books, 1997.

McPhee, Peter, *Liberty or Death: The French Revolution*, Yale University Press, 2016.

McPherson, James M., *The War That Forged a Nation: Why the Civil War Still Matters*, Oxford University Press, 2015.

Pincus, Steve, *1688: The First Modern Revolution*, Yale University Press, 2011.

Tilly, Charles, *European Revolutions, 1492-1992*, Wiley-Blackwell, 1996.

11 석탄과 기계 시대의 재해

송병건, 『산업재해의 탄생: 직업병과 사고에 대한 산업사회 영국의 대응, 1750-1900』, 해남, 2015.

이영석, 『공장의 역사: 근대 영국 사회와 생산, 언어, 정치』, 푸른역사, 2012.

Bartrip, P.W.J. & Sandra B. Burman, *The Wounded Soldiers of Industry: Industrial Compensation Policy, 1833-1897*, Oxford university Press, 1984.

Floud, R., K. Wachter & A. Gregory, *Height, health and History*, Cambridge University Press, 1990.

Fraser, D., *The Evolution of the British Welfare State: A History of Social Policy since the Industrial Revolution*, 4th edn., Palgrave Macmillan, 2009.

Hennock, Ernest Peter, *The Origin of the Welfare State in England and Germany, 1850-1914: Social Policies Compared*, Cambridge University Press, 2007.

Hear, Kate, *High Spirits: The Comic Art of Thomas Rowlandson*, Royal Collection Trust, 2013.

Kirby, P., *Child Workers and Industrial Health in Britain, 1780-1850*, Boydell Press, 2013.

Mommsen, W., ed., *The Emergence of the Welfare State in Britain and Germany 1850-*

1950, Croom Helm, 1981.

Sellers, Christopher & Joseph Melling, eds., *Dangerous Trade: Histories of Industrial Hazard Across a Globalizing World*, Temple University Press, 2011.

Strange, K.H., *Climbing Boys: A Study of Sweeps' Apprentices 1773-1875*, Allison & Busby, 1982.

12 청 황실의 사절단

과달루피, 지안니 지음, 이혜소 · 김택규 옮김, 『중국의 발견—서양과 동양 문명의 조우』, 생각의나무, 2004.

리처드슨, 필립 지음, 강진아 · 구범진 옮김, 『쟁점으로 읽는 중국 근대 경제사, 1800-1950』, 푸른역사, 2007.

엘리엇, 마크 C. 지음, 양휘웅 옮김, 『건륭제—하늘의 아들, 현세의 인간』, 천지인, 2011.

Cheong, Weng Eang, *The Hong Merchants of Canton: Chinese Merchants in Sino-Western Trade, 1684-1798*, Routledge, 2013.

Cotterell, Arthur, *Western Power in Asia: Its Slow Rise and Swift Fall, 1415-1999*, John Wiley & Sons, 2010.

Godfrey, Richard and Mark Hallett, *James Gillray: The Art of Caricature*, Tate, 2001.

Haijian, Mao, trans. by Joseph Lawson et al., *The Qing Empire and the Opium War: The Collapse of the Heavenly Dynasty*, Cambridge University Press, 2016.

Hillemann, Ulrike, *Asian Empire and British Knowledge: China and the Networks of British Imperial Expansion*, Springer, 2009.

Van Dyke, Paul A., *The Canton Trade: Life and Enterprise on the China Coast, 1700-1845*, Hong Kong University Press, 2007.

Wong, J. Y., *Deadly Dreams: Opium and the Arrow War (1856-1860) in China*, Cambridge University Press, 2002.

13 영국의 전성시대

Allen, R.C., *The British Industrial Revolution in Global Perspective*, Cambridge: Cambridge University Press, 2009.

Armstrong, Isobel, *Victorian Glassworlds: Glass Culture and the Imagination 1830-1880*, Oxford University Press, 2008.

Auerbach, Jeffrey A. & Peter H. Hoffenberg, eds., *Britain, the Empire, and the World at the Great Exhibition of 1851*, Ashgate Publishing, 2008.

Buzard, James, Joseph W. Childers & Eileen Gillooly, *Victorian Prism: Refractions of the Crystal Palace*, University of Virginia Press, 2007.

Fay, Charles Ryle, *Palace of industry, 1851: A Study of the Great Exhibition and Its Fruits*, Cambridge University Press, 2011.

Hobhouse, Hermione, ed., *The Crystal Palace and the Great Exhibition: Science, Art and Productive Industry: The History of the Royal Commission for the Exhibition of 1851*, A&C Black, 2002.

Moser, Stephanie, *Designing Antiquity: Owen Jones, Ancient Egypt and the Crystal Palace*, Yale University Press, 2012.

Purbrick, Louise, *The Great Exhibition of 1851: New Interdisciplinary Essays*, Manchester University Press, 2001.

Tallis, John & Jacob George Strutt, *History and Description of the Crystal Palace: And the Exhibition of the World's Industry in 1851*, Cambridge University Press, 2011.

III 현대

14 수에즈운하의 개통

베른, 쥘 지음, 김주열 옮김, 『80일간의 세계 일주』, 창비, 2015.

커틴, 필립 D. 지음, 김병순 옮김, 『경제인류학으로 본 세계 무역의 역사』, 모티브, 2007.

Bunker, Stephen G. and Paul S. Ciccantell, *Globalization and the Race for Resources*, Johns Hopkins University Press, 2005.

Chew, Ernest Chin Tiong, *A History of Singapore*, Oxford University Press, 1991.

Garrison, William L. and David M. Levinson, *The Transportation Experience: Policy, Planning, and Deployment*, Oxford university press, 2014.

Heng, Derek and Syed Muhd Khairudin Aljunied eds., *Singapore in Global History*, Amsterdam University Press, 2011.

Karabell, Zachary, *Parting the Desert: The Creation of the Suez Canal*, Knopf, 2003.

Reid, Anthony, *A History of Southeast Asia: Critical Crossroads*, Wiley-Blackwell, 2015.

Turnbull, C. M., *A History of Modern Singapore, 1819-2005*, National University of Singapore Press, 2009.

Ville, Simon P. and Judith Kearney, *Transport and the Development of the European Economy, 1750–1918*, Springer, 1990.

Waterson, Roxana and Wong Hong Suen, *Singapore through 19th Century Paintings and Prints*, Didier Millet, 2010.

15 제국주의 식민지 정책

박지향, 『제국주의―신화와 현실』, 서울대학교출판문화원, 2015.

사이드, 에드워드 지음, 박홍규 옮김, 『오리엔탈리즘』, 교보문고, 2015.

키플링, 러디어드 지음, 윤희기 옮김, 『정글북』, 비룡소, 2016.

홉슨, J. A. 지음, 신홍범 · 김종철 옮김, 『제국주의론』, 창작과비평사, 1982.

Bowman, William, Frank Chiteji and J. Megan Greene eds., *Imperialism in the Modern World: Sources and Interpretations*, Routledge, 2006.

Getz, Trevor R. and Heather Streets-Salter, *Modern Imperialism and Colonialism: A Global Perspective*, Pearson, 2010.

Headrick, Daniel R., *Power over Peoples: Technology, Environments, and Western Imperialism, 1400 to the Present*, Princeton University Press, 2012.

Parenti, Michael, *Face of Imperialism*, Routledge, 2011.

Saccarelli, Emanuele and Latha Varadarajan, *Imperialism Past and Present*, Oxford University Press, 2015.

Samson, Colin and Carlos Gigoux, *Indigenous Peoples and Colonialism: Global Perspectives*, Polity, 2016.

16 중국과 일본의 패권경쟁

김시덕, 『동아시아, 해양과 대륙이 맞서다』, 메디치미디어, 2015.

아키라, 하라 지음, 김연옥 옮김, 『청일 · 러일전쟁 어떻게 볼 것인가』, 살림, 2015.

유용태 · 박진우 · 박태균, 『함께 읽는 동아시아 근현대사』, 창비, 2016.

Holcombe, Charles, *A History of East Asia: From the Origins of Civilization to the Twenty-First Century*, Cambridge University Press, 2010.

Jansen, Marius B., *The Making of Modern Japan*, Harvard University Press, 2002.

Jukes, Geoffrey, *The Russo-Japanese War 1904-1905*, Osprey Publishing, 2002.

Lipman, Jonathan N., Barbara A. Molony and Michael A. Robinson, *Modern East Asia: An Integrated History*, Pearson, 2011.

Lone, Stewart, *Japan's First Modern War: Army and Society in the Conflict with China, 1894-1895*, St. Martin's Press, 1994.

Paine, S. C. M., *The Sino-Japanese War of 1894-1895: Perceptions, Power, and Primacy*, Cambridge University Press, 2002.

Schencking, J. Charles, *Making Waves: Politics, Propaganda and the Emergence of the Imperial Japanese Navy, 1868-1922*, Stanford University Press, 2005.

17 러시아혁명의 시작과 끝

곤살레스, 마이크 외 지음, 이수현 옮김, 『처음 만나는 혁명가들』, 책갈피, 2015.

박노자, 『러시아 혁명사 강의』, 나무연필, 2017.

서비스, 로버트 지음, 김남섭 옮김, 『레닌』, 교양인, 2017.

──────, 양현수 옮김, 『트로츠키』, 교양인, 2014.

스미스, 스티븐 A. 지음, 류한수 옮김, 『러시아 혁명』, 박종철출판사, 2007.

이재영, 『러시아 경제사』, 한길사, 2006.

이진숙, 『러시아 미술사』, 민음인, 2007.

지젝, 슬라보예 지음, 정영목 옮김, 『레닌의 유산』, 생각의힘, 2017.

카, E. H. 지음, 유강은 옮김, 『E. H. 카 러시아 혁명 1917-1929』, 이데아, 2017.

파이지스, 올랜도 지음, 조준래 옮김, 『혁명의 러시아 1891-1991』, 어크로스, 2017.

Engelstein, Laura, *Russia in Flames: War, Revolution, Civil War, 1914-1921*, Oxford University Press, 2017.

Fineman, Mia, *Faking It: Manipulated Photography Before Photoshop*, Metropolitan Museum of Art, New York, 2012.

Fitzpatrick, Sheila, *The Russian Revolution*, 4th edn., Oxford University Press, 2017.

King, David, *The Commissar Vanishes: The Falsification of Photographs and Art in Stalin's Russia*, Metropolitan Books, 1997.

McMeekin, Sean, *The Russian Revolution: A New History*, Basic Books, 2017.

Pipes, Richard, *The Russian Revolution*, Vintage, 2011.

Sidlina, Natalia & Matthew Gale eds., *Red Star Over Russia: Revolution in Visual Culture 1905-55*, Tate, 2018.

Smith, S. A., *The Russian Revolution: A Very Short Introduction*, Oxford University Press, 2002.

Stites, Richard, *Revolutionary Dreams*, Oxford University Press, 1989.

18 대공황과 자국우선주의 전략

양동휴, 『대공황시대』, 살림, 2009.

테민, 피터 지음, 이헌대 옮김, 『세계 대공황의 교훈』, 해남, 2001.

아이켄그린, 베리 지음, 박복영 옮김, 『황금 족쇄─금본위제와 대공황, 1919-1939』, 미지북스, 2016.

Bustard, Bruce, *A New Deal for the Arts*, University of Washington Press, 1997.

Fischer, Conan, *Europe between Democracy and Dictatorship, 1900-1945*, Wiley-Blackwell, 2010.

Kennedy, Roger G., *When Art Worked: The New Deal, Art, and Democracy*, Rizzoli, 2009.

Leuchtenburg, William E., *Franklin D. Roosevelt and the New Deal, 1932-1940*, Harper Perennial, 2009.

Luebbert, Gregory M., David Collier and Seymour Martin Lipset, *Liberalism, Fascism, or Social Democracy: Social Classes and the Political Origins of Regimes in Interwar Europe*, Oxford University Press, 1991.

Rauchway, Eric, *The Great Depression and the New Deal: A Very Short Introduction*, Oxford University Press, 2008.

Steiner, Zara, *The Lights that Failed: European International History 1919-1933*, Oxford University Press, 2007.

——, *The Triumph of the Dark: European International History 1933-1939*, Oxford University Press, 2013.

Young, Louise, *Japan's Total Empire: Manchuria and the Culture of Wartime Imperialism*, University of California Press, 1999.

19 대기오염의 진화

김동환, 『오늘도 미세먼지 나쁨』, 휴머니스트, 2018.

김정규, 『역사로 보는 환경』, 고려대학교출판부, 2009.

데이비스, 데브라 지음, 김승욱 옮김, 『대기오염, 그 죽음의 그림자』, 에코리브르, 2004.

맥닐, J. R. 지음, 홍욱희 옮김, 『20세기 환경의 역사』, 에코리브르, 2008.

이동근·김둘선, 『환경오염과 지구』, 경상대학교출판부, 2017.

이병학 외, 『새로운 환경과 공해』, 신광문화사, 2007.

포스터, 존 벨라미 지음, 김현구 옮김, 『환경과 경제의 작은 역사』, 현실문화연구, 2001.

현상민·강정원, 『미세먼지 과학』, 씨아이알, 2017.

Beasley, Brett, 'Bad air: pollution, sin, and science fiction in William Delisle Hay's The Doom of the Great City(1880)', *Public Domain Review 5*, 2015.

Brimblecombe, Peter, *A History of Air Pollution in London Since Medieval Times*, Routledge, 2012.

Dawson, Kate W., *Death in the Air*, Hachette Books, 2017.

Gardiner, Beth, *Choked: Life and Breath in the Age of Air Pollution*, University of Chicago Press, 2019.

Gonzalez, George A., *The Politics of Air Pollution: Urban Growth, Ecological Modernization, and Symbolic Inclusion*, SUNY Press, 2012.

Thorsheim, Peter, *Inventing Pollution: Coal, Smoke, and Culture in Britain since 1800*, Ohio University Press, 2018.

Vallero, Daniel A., *Fundamentals of Air Pollution*, 5th edn., Academic Press, 2014.

20 코로나19의 영향

골드스미스, 코니 지음, 김아림 옮김, 『팬데믹 시대를 살아갈 10대, 어떻게 할까?』, 우유아이,
　　2020.

기초과학연구원(IBS), 『코로나 사이언스』, 동아시아, 2020.

김명자, 『팬데믹과 문명』, 까치, 2020.

김범준 외, 『코로나 19: 위기, 대응, 기회』, 이음, 2020.

기모란 외, 『멀티플 팬데믹』, 이매진, 2020.

이경상, 『코로나19 이후의 미래』, 중원문화, 2020.

지젝, 슬라보예 지음, 강우성 옮김, 『팬데믹 패닉』, 북하우스, 2020.

최윤식, 『코로나19 이후 미래 시나리오』, 김영사, 2020.

최재천 외, 『코로나 사피엔스』, 인플루엔셜, 2020.

솅커, 제이슨 지음, 박성현 옮김, 『코로나 이후의 세계』, 미디어숲, 2020.

퀵, 조너선 지음, 김한영 옮김, 『이것이 우리의 마지막 팬데믹이 되려면』, 동녘사이언스, 2020.

호닉스바움, 마크 지음, 제효영 옮김, 『대유행병의 시대』, 커넥팅, 2020.

홍윤철, 『팬데믹』, 포르체, 2020.

Crawford, Debora, *COVID-19*, Hachette Books, 2020.

Horton, Dorothy H., *Viruses: A Very Short Introduction*, 2nd edn., Oxford University
　　Press, 2020.

MacJenzie, Debora, *COVID-19*, Hachette Books, 2020.

McMillen, Christian W., *Pandemics: A Very Short Introduction*, Oxford University Press,
　　2020.

Moss, Susan, *COVID-19: A Natural Approach*, Source Publications, 2020.

Rabadan, Raul, *Understanding Coronavirus*, Cambridge University Press, 2020.

Reiss, Karina, *Corona, False Alarm?: Facts and Figures*, Chelsea Grees Publishing, 2020.

Schwab, Klaus, *COVID-19: The Great Reset*, Agentur Schweiz, 2020.

Zakaria, Fareed, *Ten Lessons for a Post-Pandemic World*, W.W.Norton & Company,
　　2020.

세계사 추리반

청소년을 위한 그림 속 세계 역사

© 송병건 2021

1판 1쇄 2021년 4월 5일
1판 8쇄 2024년 7월 25일

지은이 | 송병건
펴낸이 | 김소영
책임편집 | 임윤정
디자인 | 최윤미
마케팅 | 정민호 박치우 한민아 이민경 박진희 정유선 황승현
제작처 | 영신사

펴낸곳 | (주)아트북스
출판등록 | 2001년 5월 18일 제406-2003-057호
주소 | 10881 경기도 파주시 회동길 210
대표전화 | 031-955-8888
문의전화 | 031-955-7977(편집부) 031-955-2689(마케팅)
트위터 | @artbooks21
인스타그램 | @artbooks.pub
전자우편 | artbooks21@naver.com
팩스 | 031-955-8855

ISBN 978-89-6196-389-3 43900